원현정 죽음학 에세이

마지막까지 우아하게

상실과 애도에 관한 다정한 처방전

마지막까지 우아하게
상실과 애도에 관한 다정한 처방전

초판 1쇄 발행 2024년 04월 01일

지은이 원현정
펴낸이 장현수
펴낸곳 메이킹북스
출판등록 제 2019-000010호

디자인 최미영
편집 최미영
교정 안지은
마케팅 김소형

주소 서울특별시 구로구 경인로 661, 핀포인트타워 912-914호
전화 02-2135-5086
팩스 02-2135-5087
이메일 making_books@naver.com
홈페이지 www.makingbooks.co.kr

ISBN 979-11-6791-511-5(03100)
값 16,800원

ⓒ 원현정 2024 Printed in Korea

잘못된 책은 구입하신 곳에서 바꾸어 드립니다.
이 책의 전부 또는 일부 내용을 재사용하려면 사전에 저작권자와 펴낸곳의 동의를 받아야 합니다.

메이킹북스는 저자님의 소중한 투고 원고를 기다립니다.
출간에 대한 관심이 있으신 분은 making_books@naver.com로 보내 주세요.

원현정 죽음학 에세이

마지막까지
우아하게

상실과 애도에 관한 다정한 처방전

원현정 글·그림

메이킹북스

목차

첫 번째 우리는 모두 상실을 겪습니다

우리, 오늘은 죽음을 이야기해요 · · · · 010
'만추'라는 방아쇠 · · · · · · · · · · · 012
화장(**火葬**) · · · · · · · · · · · · · · 017
지나가지 않는 일 · · · · · · · · · · · 020
지울 수 없는 후회 · · · · · · · · · · · 023
죽고 싶다는 농담 · · · · · · · · · · · 026
아이들도 알아요 · · · · · · · · · · · 029
눈물을 허락하자 · · · · · · · · · · · 032
죽음을 정의할 수 있나요 · · · · · · · · 036
어른 아이 · · · · · · · · · · · · · · 039
오늘은 주절거림 · · · · · · · · · · · 041

두 번째 내 장례식에는 이 음악을 틀어주세요

내 장례식에 틀고 싶은 음악 · · · · · 046
다양한 장례식 · · · · · · · · · · · · 050

연말마다 영정사진 · · · · · · · · · · · 054
이제서야 · · · · · · · · · · · · · · · · 060
소중한 사람에게 쓰는 편지 · · · · · · 063
일 년 뒤에 보내 드립니다 · · · · · · · 066
내 손으로 없애야 할 것들 · · · · · · · 070
오늘이 마지막이라면 · · · · · · · · · 073
그게 무슨 소용 있어요? · · · · · · · 075
버킷리스트 · · · · · · · · · · · · · · 078
하고 싶은 거 다 하고 살아라 · · · · · 080
이별은 후회를 남긴다 · · · · · · · · 084
안타까움만 남는다 · · · · · · · · · · 087

세 번째 나에게는 애도가 필요합니다

나도 애도가 필요했네 · · · · · · · · 094
죽음을 선택할 수 있을까 · · · · · · · 097
영혼이란 것이 있을까 · · · · · · · · 100
위대한 선물 · · · · · · · · · · · · · 105
마지막 순간 · · · · · · · · · · · · · 108
태어나지 않아도 애도가 필요하다 · · · · 111
물건에도 애도가 필요하다 · · · · · · · 114
별이 지다 · · · · · · · · · · · · · · · 116

엄마 가슴은 멍든다 · · · · · · · · · · · 119
엄마의 자리 · · · · · · · · · · · · · · · · 122
너무 좋은 사람 · · · · · · · · · · · · · · 126
상실의 예술적 승화 · · · · · · · · · · 128

네 번째 죽음은 맞이하는 것입니다

행복한 죽음 · · · · · · · · · · · · · · · · 134
혼자 죽어도 괜찮을까 · · · · · · · · 136
가족의 해체 · · · · · · · · · · · · · · · · 140
누구를 위한 약속일까 · · · · · · · · 143
노후의 남녀 차이 · · · · · · · · · · · · 146
여자들의 후회 · · · · · · · · · · · · · · 148
자기 앞의 생 · · · · · · · · · · · · · · · 150
보고 싶은 것만 보인다 · · · · · · · · 152
더 이상 보이지 않는다 · · · · · · · · 155
죽음은 하나의 해방이다 · · · · · · · 159
예상되는 이별 · · · · · · · · · · · · · · 162
죽기 적당한 때 · · · · · · · · · · · · · · 165
그린 마일 · · · · · · · · · · · · · · · · · · 168

다섯 번째 애도일기 ; 어떤 이별 이야기

우리 엄마는요 · · · · · · · · · · · · · 174
다시 응급실 · · · · · · · · · · · · · · 177
애도가 필요한 시간 · · · · · · · · · 180
내 마음을 들여다보기 · · · · · · · · 185
벌써 일 년 · · · · · · · · · · · · · · · 188

여섯 번째 그래도 우리는 살아갑니다

죽음을 얘기하는 것은 오늘을 사는 것 · · 194
네 멋대로 해라 · · · · · · · · · · · · · 199
60이다, 날아보자 · · · · · · · · · · · 202
오늘은 춤추러 가자 · · · · · · · · · · 205
함께 노래하자 · · · · · · · · · · · · · 208
내가 네 뒤에 있을게 · · · · · · · · · · · 212
세 번의 사별과 한 번의 이별 · · · · · · 215
인생 리셋 프로그램을 만든 이유 · · · · 226
죽기 전에 가장 듣고 싶은 말 · · · · · · 230
나의 부고 기사 · · · · · · · · · · · · · 233

이제는 안다,
울어야 할 일에는 충분히 울어야 한다는 것을.

첫 번째

우리는 모두 상실을 겪습니다

우리, 오늘은 죽음을 이야기해요

※ ※ ※

우리는 내일을 알 수 없다. 아니 한 시간 뒤의 일도 예측할 수 없다. 그럼에도 불구하고 누구에게나 확실하고 공평한 미래가 하나 있다. 사람은 언젠가 죽음을 맞이한다는 것이다.

그렇지만 가족이나 친구끼리 편하게 죽음을 이야기하지는 않는다. 부모님께 어떻게 돌아가시기를 원하는지 감히 물어보지 않는다. 장례를 어떻게 치르면 좋을지 사후에 원하시는 게 없는지도 알지 못한다. 그러다가 어느 날 갑자기 병에 걸리거나 뜻하지 않은 죽음이 찾아오면 당황하고 분노하고 아등바등하다가 인생이 끝나게 된다.

얼마 전 예능 프로그램에서 40대 딸이 80대이신 아빠와 하루 데이트하는 내용이 나왔다. 아빠와 함께할 수 있는 그 시간이 너무 부러웠다. 아빠를 이발소 대신 요즘 유행하는 바버샵에 모시고 가서 염색과 이발을 해드리는 내용이었다. 아빠가 '내가 가고 나면~'이라고 말을 꺼내자 딸이 원망스러운 말투로 그런 말 하지 말라고 야단을 쳤다. 아빠도 그런 우울한 생각은 하지 말았으면 좋겠다는 인터뷰도 덧붙여 나왔다. 사람들은 대개 죽음에 대한 이야기를 꺼내는 것조차 우울하거나 힘들어한다. 무조건 피하려고만 하는 거다. 그러다가 돌아가시고 나면 후회가 남는다. 어떻게 장례를 하시기를 원하셨을까. 나에게 남기고 싶은 말은 없었을까. 죽음을 얘기한다고 빨리 죽으려는 것도 아닌데 말이다. 우리는 편하게 죽음을 이야기할 수 있어야 한다. 부모님이 돌아가시면 어떻게 마무리해야 할지, 내가 죽으면 어떻게 해주는 것이 좋은지도 생각해 보고 가족들과 공유해야 한다.

   우리는 누구나 마지막까지 인간다운 존엄성을 지키며 아름답게 마무리할 수 있기를 바란다. 당하는 죽음에서 맞이하는 죽음으로 바꾸기 위해서, 죽음 이야기를 식탁 위로 올려보려 한다. 사랑하는 사람과 저녁 식탁에서 죽음을 이야기할 수 있기를 바란다.

'만추'라는 방아쇠

※ ※ ※

   현빈 주연의 〈만추〉라는 영화를 보러 갔다. 우리나라에서 세번째 리메이크되는 영화이고 중국 여배우 탕웨이가 함께 나와서 개봉 전부터 관심을 불러 일으켰다. 촬영 배경이 시애틀이라는 것도 익히 홍보되어 잘 알고 있었다. 애틋한 키스씬에 대한 평가까지. 드디어 영화는 시작되었다.

   감옥에 수감 중이던 탕웨이는 아버지가 돌아가셔서 장례에 참석하기 위해 1박 2일 외출을 허가받는다. 지골로인 현빈은 만나던 여자의 남편한테 외도를 들켜서 도망을 다니고 있다. 그러던 중 버스 안에서 둘은 우연히 만나게 되고 그 버스는 시애틀로 향한다. 버스가 시애틀에 도착하고 시내 전망이 서서히 보이기 시작했다. 그와 동시에 내 눈에서는 눈물이 흐르기 시작했다. 눈물이 많은 성격도 아니어서 참아야지 맘먹었으나 소용이 없었다. 다른 사람들도 있는데 난감해지기 시작했다.

'이런, 내가 왜 이런 거지?'

결국은 일행들과 점심 약속은 포기하고 영화가 끝나기도 전에 조용히 혼자 집으로 들어왔다. 오후 내내 소리 내서 엉엉 울었다. 울면서 생각했다. 동생이 죽은 건 벌써 몇 년 전일인데 내가 왜, 이제 와서 왜 울지?

시애틀은 동생이 살던 곳이었다. 2007년 4월 1일 동생이 세상을 떠났다. 여러 가지 원인이 있었겠지만 그 당시엔 그를 이해하기보단 원망이 너무 컸다. 나이 드신 엄마를 혼자 두고, 몸이 불편한 자신을 위해 평생을 희생한 엄마를 두고 그냥 휑하니 가버린 동생을 용서할 수 없었다. 3일장을 치르고 화장을 하고 산에다 골분을 뿌렸다. 아무도 없이 혼자 장례를 치르며 속으로 계속 화를 냈다.

신체 장애를 갖고 있던 동생, 그 인생 40여 년이 평탄했던 적 없겠지만 마지막 몇 년은 그중에서도 가장 힘든 시간이었으리라. 어린 시절부터 엄마는 항상 불편한 동생을 돌보기 위해 따라다녀야 했고, 나는 늘 뒷전이었다. 내 안에는 평생에 걸친 원망이 켜켜이 쌓여 있었다. 그래서 동생의 죽음 앞에서 나는 동생이 왜 죽었을까보단 어떻게 그럴 수 있을까 하는 생각만 했다.

몇 년 동안 그 일을 외면한 채로 살았는데 마음속 상처는 어찌 되었든 풀어야 하나 보다. 모른 척한다고 없어지는 게 아니라 의식의 어느 한쪽 구석에 시한폭탄처럼 숨어 있다. 조그만 불똥만 튀어도 뻥 터져버린다. 예상치 못한 곳에서 어이없이. 감정은 바닥을 쳐야 다시 올라올 수 있다. 나의 감정을 잘 들여다봐야 한다. 그때는 몰랐다. 동생이 먼저 떠났는데, 마음껏 우는 게 맞았다. 가슴 아프고 슬픈 게 당연했다. 하지만 혼자 장례를 치르느라 정신도 없고 화가 나서 마음을 닫아버린 것이 문제였다.

애도해야 할 시간 동안 슬퍼하지도 울지도 못하고 멍한 채로 보냈다. 그렇게 해소되지 않고 남아 있던 감정의 찌꺼기들이 시애틀을 보는 순간에 폭탄처럼 예고 없이 터져버린 것이었다.

영화를 보다가 터진 울음은 하루 종일 계속되었고, 지난 몇년 동안 괜찮은 척 살아온 시간을 다시 돌이켜 보게 만들었다. 아마도 그제야 동생을 보낼 수 있게 되었나 보다. 하루 동안 혼자만의 추모제를 치르고 정신을 차렸다. 다시는 같은 문제로 폭발할 일은 없을까? 장담할 수는 없지만 울어야 할 일에는 틀림없이 울어야 한다. 충분히 감정이 해소될 만큼. 누군가 안아주고 위로해주면 더 좋은 약이다. 남들 앞에서 잘 울지도 못하고 괜찮은 척하던 내가 바보였던 거다. 누구에게 기댈 수도 있고 안아줄 수도 있는데. 왜 괜히 센 척하고 살았을까?

   멋있게 보이지도 않는데, 제기랄.

   '아, 인생 뭐 있어.'

   어느 연예인 말이 가슴이 저리게 공감이 간다.

   요즘은 내 마음을 오래 들여다본다. 힘들 때마다 책을 읽고 공부를 하면서 알게 되었다. 감정은 바닥을 쳐야 다시 올라올 수 있다는 것을. 무슨 일이 있을 때 그냥 괜찮은 척 억지로 힘내려 애쓰는 것보다 마음을 잘 들여다본다. 슬픔인지 분노인지 후회인지. 상대방한테 화가 난 건지, 나의 수치심으로 나한테 화가 난 건지. 생각하고 또 생각하다 보면 조금씩 정리가 되기도 한다.

   감정 처리가 미숙하면 슬퍼도 화를 내고 섭섭해도 화를 낸다. 자기 잘못을 인정하기 싫어도 화를 낸다. 민망해도 화를 낸다.

   애도 상담을 공부할 때도 방법은 같다. 상황을 피하지 말고 직면해야 한다. 상실을 대면하고 슬픔을 있는 그대로 보아야 한다. 그렇지 않으면 처리되지 못한 감정들이 폭탄처럼 내 안에 쌓인다. 상담자는 서두르지 말고 충분히 슬퍼하고 애도할 시간을 주어야 한다.

　오래전 나는 그러지 못했다. 내 감정을, 슬픔을 어떻게 꺼내놓아야 하는지 몰랐다. 남 앞에서 잘 울지도 못했고, 내향적이라 표현도 잘 못하는 편이다.

　동생이 먼저 떠나고 나서도 슬퍼하지 못했다. 실컷 울지도 못했다. 부모보다 앞서간 자식의 부고를 하기도 곤란하고, 도와줄 사람도 없어서 혼자 장례를 치르고 화장을 하고 어느 산에 재를 뿌렸다.
　삼 일 동안 동생을 원망하고 화를 냈다. 그리고 바쁜 일상으로 돌아가야 했다. 발인 다음 날 저녁은 예정되어 있던 갤러리 개관전 오프닝에 가서 손님을 맞으며 인사를 했다. 미룰 수도 취소할 수도 없는 행사였다.
　그때 풀지 못한 슬픔과 분노는 차곡차곡 내 몸속 어딘가에 쌓여 숨죽이고 있었다.

　이제는 안다. 울어야 할 일에는 충분히 울어야 한다는 것을.

화장(火葬)

※ ※ ※

 소각장 문이 열리고 사각 관이 밀려 들어간다. 파다닥 가스가 나오는 소리와 함께 불이 켜지고 눈앞에서 어둠이 툭 떨어진다. 옆 대기실에선 통곡 소리가 절절하다. 보통 사람들은 장례 절차 중 관이 타들어가는 순간이 가장 끔찍하다고 하는데 나는 그다지 힘들지도 애통하지도 않다. 자연으로 돌아가는 일이려니 싶다.

 나는 그저 조용히 기다렸다. 이미 삼일장 동안 돌아가신 분을 위해 슬퍼도 하고 기도도 했다. 친척들은 내가 울지 않는 게 독하다 싶었는지 이상하게 보는 사람도 있는 듯했다. 그래서인가 사촌 오빠가 거들어서 말했다.
 "저렇게 서럽게 우는 건 돌아가신 분 때문이 아니라 자기 설움에 우는 거지."
 고인을 핑계로 그동안 쌓인 자기 안의 설움과 한을 한시에 풀어낸다. 소리 내어 통곡을 해도 누가 뭐라는 사람은 없다. 남자답지 못하게 울어도 다 용서가 되는 곳. 그곳에선 부끄러울 것도 없으니까. 남편한테 무시당해서 서러웠던 일도, 자식들에게 대접 못 받는 섭섭함도, 시집살이 고단함도 모두 눈물과 곡소리에 쓸어내려는 듯 한껏 목청 높여 운다. 어떤 때는 저 사람이 고인과 그렇게 가까운 사이였나 의아할 정도로 통곡하는 사람도 있다.

나는 두 번의 장례식을 혼자 치렀다. 아버지와 동생은 하얗게 재가 되었다. 아버지는 산소에 모셨지만 동생은 그러지 못했다. 산화된 가루를 양평 어느 산에다 뿌렸다. 드라마나 영화에서 보던 것처럼 멋있게 강물에 뿌리는 것은 법에 어긋나는 일이란다. 양평 어느 절 주지 스님의 허락을 받고 절 뒷산 중턱에 뿌려주었다.

소각장에서 나온 지 얼마 안 되는 나무 상자 속의 하얀 골분은 생각했던 것보다 뜨거웠다. 장갑을 꼈는데도 뜨거워서 쉬엄쉬엄 뿌려야 했다. 짧은 생에 대한 열정이 남아서도 아닐 테고 남겨놓고 가는 사람들에 대한 미련이 남아서도 아닐 텐데. 갑자기 머릿속이 멍해졌다. 어지럽고 몽롱했다.

아버지가 돌아가시고 2년 뒤, 어느 날 새벽 전화벨이 울렸다. 새벽에 전화벨이 울리면 몸이 화들짝 놀라며 먼저 반응을 한다. 엄마 전화였다. 동생이 죽었다고. 알아듣지 못했다.

뭐라고, 무슨 소리야? 믿지 못한 채로 친정으로 달려갔다. 집 앞에 도착했을 때는 이미 경찰이 와서 상황을 수습하고 있었다. 사망신고를 하고 부고도 없이 혼자 장례를 치렀다.

그 후로 15년이 지났지만 아직도 그 충격은 온몸에 고스란히 남아 있다.

"이 또한 지나가리라."

근데 지나가지 않는다. 시간이 지나도 옅어지지 않는 아픔도 있다. 가족이 자살을 하면 남은 가족을 유족이라 하지 않고 생존자라고 하는 이유이다.

모든 상실에는 그만큼의 애도가 필요하다.

지나가지 않는 일

※ ※ ※

아빠가 돌아가신 지 18년 정도가 지났다. 뇌출혈로 쓰러지셔서 6년 넘게 누워 계셨다. 돌아가셨을 때가 70대 초반이었으니 요즘 평균 수명으로 보면 너무 아쉬운 나이였다. 나한테는 아빠가 정신적 지주 같은 분이셨다. 엄마가 아들 뒷바라지 하느라 바빠 나를 치워두었을 때 그 빈자리를 채워주셨다. 아빠가 살아계셨다면 내 삶이 여러 가지로 덜 힘들었으리라. 아직도 영화나 드라마를 보다가도 '아빠'에 관련된 스토리가 나오면 금방 눈물을 글썽인다. 부모님이 돌아가신다는 것은 자연의 이치기도 하다. 누구나 언젠가는 죽음을 맞이하게 되니까. 시간이 걸리지만 언젠가는 받아들이게 된다.

그런데 가족이 자살을 하는 것은 완전 다른 차원의 일이다. 자살은 남은 사람들에게 죄책감을 남긴다. 남은 사람들이 잘못한 것도 없는데 평생 짐을 안고 살아가야 한다. 아무리 시간이 지나도 고통이 흐려지지 않는다. 조그만 불씨만 있어도 시한폭탄처럼 터진다.

   동생의 선택에도 내 잘못은 없다고 머리로는 알고 있다. 나중에 들었다. 사고 전에도 몇 번 시도를 했는데, 엄마는 의사가 상담을 권했는데 듣지 않았고 나에게도 말하지 않았다. 내가 미리 알았다면 달라졌을까. 동생이 미국에 살 때는 몇 시간씩 전화로 그 얘기를 들어주기도 했다. 6년 동안 아버지 간병하느라 엄마도 나도 지치고 예민해져서 가끔 다투기도 하고 동생과도 틈이 생기고 대화도 뜸해졌다. 그러다가 동생이 먼저 떠나고 나서 커다란 상처가 남았다. 내가 더 잘 챙겼더라면 그런 일이 생기지 않았을까 하는 죄책감이 떠나지 않는다. 아마 평생 떨쳐버릴 수 없는 생각일 것이다.

   아픔이나 고통을 겪어보기 전에는 왜 알지 못하는 걸까. 당해보기 전에는 절대 알 수 없는 일들이 있다. 섣불리 남의 아픔에 대해서 아는 척하는 것이 얼마나 무례한 일인지도 깨닫게 된다. 내 마음대로 힘든 사람을 위로한다는 것이 얼마나 오만한 일인지도. 내가 직접 같은 고통을 겪어보기 전까지는 남들의 아픔이 얼마나 큰지 짐작할 수도 없다. 고통의 크기를 비교할 수는 없다. 사람은 누구나 자기 일이 가장 크게 느껴지기 때문이다. 지금은 다른 사람들 이야기에 공감이 가지만 그래도 절대 하면 안 되는 말이 있다.
"그래그래, 네 마음 다 알아~ 시간이 지나면 괜찮아질 거야. 남들도 다 그렇게 살잖아."

지울 수 없는 후회

※ ※ ※

2005년 가을. 일요일 저녁 친정에 가서 누워계신 아빠를 보고 돌아왔다. 집에 도착하자마자 전화벨이 울렸다. 아빠가 돌아가셨다. 다시 친정으로 달려갔다. 안방 침대에 편안하게 누워계셨다. 살아계실 때와 별다름이 없어 보였다. 주검이라는 느낌도 없고 아무 실감이 나지 않았다. 6년도 더 되는 시간 동안 마음이 준비가 된 것일까.

장례식장을 준비하고 이틀째 되는 날 입관식이 있었다. 장례식장 구석으로 돌아가니 입관을 하는 방이 따로 있었다. 가족과 친척들이 들어가니 중간에 유리창이 있고 그 너머에 염을 하는 곳이 보였다. 두 명의 전문 장의사가 아빠의 시신을 닦고 수의를 입히는 의식을 진행했다. 조용하고 절도 있게 시신에 대한 예를 다하여 신성함에 느껴질 정도였다. 주체할 수 없이 눈물이 나왔지만 무섭거나 거부감이 들지는 않았다.

장례를 치르는 동안은 멍하니 슬픈 줄도 모르고 지나갔다. 4일장이 끝나고 집으로 돌아왔다. 그리고 나서야 아빠의 부재가 느껴지기 시작했다. 아직도 불쑥 보고 싶고 그립다.

아빠가 돌아가시고 2년 뒤. 동생이 그 뒤를 따라갔다. 문제는 동생의 입관식이었다. 엄마가 먼저 보낸 아들 장례를 할 수도 없고 자살한 자식 부고를 낼 수도 없고. 동생의 장례는 오롯이 내 몫이었다. 이튿날 병원 측에서 입관한다는 연락을 받았다. 아빠를 보낼 때 다 해본 일이었지만 나는 동생의 입관식 앞에서 주저앉고 말았다. 동생을 마주할 자신이 없었다. 정확하게는 시신을 볼 자신이 없었다. 그 장면을 보아 버리면 평생 잊을 수 없을 것 같았다. 악몽 같았다. 무서웠다. 문 앞에 쭈그리고 앉았다. 그렇게 쭈그리고 앉아 혼자 울고 있는 동안 의식이 끝이 나고 친척들이 나왔다.

그날 나의 비겁함은 나에게 또 한 겹의 죄책감을 더했다. 살아 있을 때 더 챙기지 못한 죄에 더해서 마지막 인사를 못 하고, 제대로 보내주지 못했다는 후회가 나를 무너뜨렸다. 시간이 지나도, 아무리 자기 합리화를 하려고 해도 되지 않는다. 다시는 돌이킬 수 없는 일이 있다. 내가 얼마나 형편없는 인간인지 뼈에 새긴 사건이었다.

   지금은 나도 어쩔 수 없었다고 머리로는 억지로 나를 합리화한다. 나도 살아야 하니까. 그렇지만 입관하기 전 손이라도 잡고 편히 가라고 말해 주었어야 했다. 그랬어야 했다. 후회가 남는다. 모든 상실은 후회를 남긴다. 후회뿐 아니라 트라우마도 남는다. 지금도 드라마나 영화에서 자살에 관한 에피소드나 특히 투신하는 장면은 보여주지 않아도 '쿵' 소리만 나도 심장이 덜컹하면서 온몸이 오그라든다. 몸이 트라우마에 반응하는 것이다.

   얼마 전 드라마 〈정신병동에도 아침은 와요〉 7화에 나온 아내를 자살로 잃은 남편 이야기를 보다가 티브이를 껐다. 눈물이 나는 것은 물론 가슴이 답답해져서 볼 수가 없었다. 한참 시간이 흐른 뒤 마음을 단단히 먹고 다시 보았다. 그 남편도 아내의 입관을 보지 않았다는 말을 듣고 한편으로는 위안이 되기도 했다.

   '그렇구나, 나만 그런 것은 아니었어. 그래, 그럴 수 있어.'

   시간이 지난다고 그 상실과 비탄이 괜찮아질까. 그냥 어쩔 수 없는 일이라고, 받아들이려고 애쓰며 산다. 시간 지나면 다 괜찮아진다고 말하지 마라.

죽고 싶다는 농담

※ ※ ※

   자살생존자가 되고 나서 코칭과 상담을 시작했다. 농담이라도 죽겠다는 얘기를 입에 달고 사는 사람들을 보면 고쳐주고 싶다. 직업병이라고나 할까.

"힘들어 죽겠다, 배고파 죽겠다."

   코칭 초기에 상담 실습을 하고 있을 때 만난 한 사람은 아주 비관적인 성격이었다. 일을 하다가 실패하거나 힘들면 죽어버리면 된다고 예사로 죽음을 말했다. 나는 죽겠다는 말을 듣는 것만으로도 몸이 움츠러들었다. 그런 사람들을 보면 어떻게든, 아무런 힘도 없으면서 도와야 할 것 같은 책임감을 느낀다. 몇 번의 상담을 거쳐서 다행히 그는 더 이상 '확 죽어버리면 되지'라는 말을 하지 않게 되었다.

몇 년 더 살고 스위스에 가서 안락사를 계획할 거라던 마흔 살의 남자도 있었다. 상담인지 야단인지 모를 몇 번의 만남 후 그 거창한 계획은 없던 일이 되었다. 그가 몇 년 후에 죽겠다고 얘기해도 다들 농담으로 치부하고 아무도 진지하게 대꾸해 주는 사람이 없었다고 한다. 그러면 안 된다고 붙잡고 얘기하는 사람이 나밖에 없었다고 했다.

자살을 하려는 사람은 누군가 말려주기를 원하는 건지도 모른다. 말 한마디라도 건네고 아는 척해주면 괜찮아질지도 모른다. 힘든 순간에 누군가 '왜 그래. 괜찮을 거야.'라고 한마디만 해준다면 한 명의 죽음을 막을 수도 있다.

누구나 살다 보면 세상에 나 혼자라고 느껴지는 순간이 있다. 핸드폰에는 수백 개의 연락처가 있지만 편하게 전화할 사람 하나 없다. 내가 잘못 살았나 싶기도 하다. 너무 힘든 상황일 때 그 상황을 내가 해결할 수도 없고 바꿀 수도 없을 때 죽어버리면 끝나지 않을까 하는 생각이 들기도 한다. 그럴 때 누가 잡아 주면 좋겠다. 그런 사람이 있다면 잡아 주고 싶다. 내가 문제를 해결해 줄 수는 없지만 옆에 있어주기라도 한다면 조금 덜 힘들지 않을까.

나에게는 힘든 경험들이었지만 그것이 내가 다른 사람을 돕는 데 쓰일 수 있다. 사람들이 나로 인해 위로받거나 세상 살 만하다고 한다면 좋겠다. 내가 상담하는 이유 중 하나이다. 죽을 때 덜 후회하기 위한 일이다. 남을 위한다고 하지만 결국 모든 것이 나를 위한 일이다.

아이들도 알아요

※ ※ ※

 집안 분위기가 무겁지만 아무도 설명해주지 않는다. 꼬마는 눈치를 보다가 그 말은 꺼내면 안 되는 걸로 생각했다. 나중에서야 알았다. 외할아버지가 돌아가셨다는 것을. 꼬마는 어른이 되었지만, 아직도 외할아버지가 언제 어떻게 돌아가셨는지 모른다.

 어렴풋이 어릴 때 외할아버지를 본 것 같기도 하다. 언제부터 외할아버지의 존재가 슬며시 사라졌는지 기억이 나지 않는다. 엄마가 어렸을 때 외할머니가 돌아가시고 새엄마가 들어오고 엄마는 이복동생들이 생겼다. 그래서인지 외가와 왕래가 잦지 않았다. 왜 물어볼 생각도 못 했을까. 외할아버지는 원래 없던 사람 같았다. 아무도 이야기해 주지 않았다.

 대부분 가정에서 그러할 것이다. 가족 중의 누군가 먼저 떠나면 그 사람의 이름은 금지어가 된다. R은 초등학교 때 사고로 동생이 세상을 떠났다. 중학교 때는 아버지가 돌아가셨다. 그러나 그 일에 대해서 아무도 설명해 주지 않았다. 엄마한테도 아버지에 관해서 물어볼 수 없었다. 그냥 언급을 회피하며 서로 괜찮은 척하며 세월이 지났다. 답답한 집을 빨리 떠나고 싶었던 R은 일찍 결혼해서 외국서 살게 되었다. 모든 가족에게 상처가 남을 뿐 아니라 대화를 피하다 보니 관계도 망가진다. 이제 나이가 들어서 서울로 돌아왔지만, 아직도 엄마와 편하게 아버지 얘기를 할 수 없단다. 가끔 엄마와 식사도 하고 얘기도 하는데 처음이라고 했다. 엄마와 그렇게 대화를 해 보는 것이. 이제라도 서로 하고 싶은 말을 하고 가슴에 묻어 둔 말도 할 수 있으면 좋겠다.

어른들은 아이에게 죽음에 대해 어떻게 설명해야 할지 몰라서 피하거나 말해도 모를 거라고 무시하기도 한다. 아이들은 말도 못 꺼내고 입을 다물어 버리고 만다. 엄마는 아이들을 위해서 살아야 하니까 굳세게 버텨야 한다. 서로 그렇게 괜찮은 척하다가 마음에 병이 든다. 아이들이 울지 않으면 어른들은 칭찬한다. 특히 남자아이들에게.

"참 씩씩하구나. 네가 아빠 대신 엄마를 잘 지켜 드리렴."

그 아이는 칭찬받기 위해서, 엄마를 힘들지 않게 해야 한다는 책임감으로 슬퍼할 수가 없게 된다.

가족을 먼저 떠나보낸 상실감이 제대로 된 애도를 통해서 치유되지 않으면 트라우마로 남게 된다. 어릴 때 아버지를 잃은 한 30대 여자는 아버지에 대한 원망이 커서 자기는 결혼도 하지 않겠다고 한다. 다른 사람과 관계를 만들면 언젠가는 자기가 떠날 때 상대방에게 그런 아픈 상처를 남길까 봐 두렵기 때문이다. 연애도 하지 않고 회사에서 만나는 사람들 외엔 사적인 인간관계를 거의 만들지 않고 살아간다. 그녀의 말만 들어도 가슴이 저리게 그녀가 외로워 보였다. 사람을 만나는 일도 떠나보내는 일도 조금 편해진다면 좋겠다.

우리가 생각하는 것보다 아이들은 생각이 깊다. 나름대로 세계관을 가지고 있다. 아이 눈높이에 맞는 죽음에 대한 설명이 필요하다. 어른도 아이도 솔직하게 감정을 이야기하고 충분히 슬퍼할 수 있어야 한다. 울고 싶은 만큼 울게 해주자. 슬픔을 씻어낼 수 있게. 서로를 안아주자.

눈물을 허락하자

※ ※ ※

어릴 때 엄마를 잃은 아이들은 그 상실을 어떻게 받아들여야 할지 몰라서 그 자리에 원망이 자리 잡기도 한다. 십 대가 되고 사춘기를 맞이하게 되면서 원망이 더 커질 수도 있다. 엄마가 필요한 순간마다 부재를 느끼면서 어린 나를 두고 왜 떠났나 하는 생각이 든다. 그러다가 아이가 자라서 자기가 결혼하고 아이를 낳으면 그 생각이 바뀌게 된다. 엄마의 입장이 되어 볼 수 있기 때문이다. 아이를 두고 눈을 감는 엄마의 심정이 어떠했을지 상상이 된다. 애도의 형태가 달라진다. 아마 그제야 제대로 슬픔을 느끼고 애도할 수 있는지도 모르겠다.

상실을 겪었을 때 누군가 슬픔을 함께 해주고 지원해 주는 사람이 있었는지 여부도 회복에 많은 영향을 준다. 사고로 부모님이 돌아가셨는데 그 사후 처리로 정신없는 가운데, 동생들까지 보살펴야 하는 맏이도 있다. 그는 애도를 할 시간도 정신적 여유도 없다. 일상생활에 시달리다 나중에서야 자기도 모르게 무너진 자신을 발견하기도 한다.

  한쪽 부모가 돌아가시면 아이들은 집에서 그 얘기를 하면 안 될 것 같은 분위기를 느낀다. 이유도 모르고 눈치를 보기 시작하고 남은 사람들을 위해서 괜찮은 척하게 된다. 아버지가 돌아가시면 그 아들이 받게 되는 부담은 더 크다. 마치 아이가 가장이 된 것처럼 주위 어른들이 말한다.
  "네가 엄마를 잘 지켜드려야지. 가족을 위해서 힘내라."
  그렇게 괜찮은 척 버티다 보면, 또 말한다.
  "기특하네. 잘 컸다."
  이제 힘들지만 더 씩씩한 척 더 열심히 사는 아이가 된다. 그 아이는 언제 애도를 하게 될까. 인생의 언젠가는 그 여파가 나타난다. 후폭풍이 더 클 수도 있다. 시한폭탄처럼 심장에 도사리고 있다가 언젠가 터진다.

  나도 마찬가지였다. 동생을 보내고 원망과 분노로 묻어두었던 감정들이 몇 년 만에 폭발한 것처럼. 제때 이루어지지 못한 비탄, 애도는 언젠가 다시 폭탄이 되어 나에게 돌아온다. 누가 나에게 잘못했다고 하지 않는데도 죄책감은 날이 갈

수록 커졌다.

  동생이 장애가 있었고 자살을 했다는 것을 사람들에게 말하지 못했다. 일부러 안 했다기보다는 그런 말을 할 수 있는 기회조차 없었다. 한동안은 사람을 만나도 살짝 넋이 나간 상태로 앉아 있었던 것 같다. 그렇게 일을 하고 일상생활을 했다. 아무 일 없는 것처럼.

  부정, 분노, 우울, 타협, 그래 거기까지 수없이 왔다 갔다 했는데 수용이 되었을까? 수용이라는 것을 할 수 있는 걸까. 아직도 끔찍한 슬픔에서 벗어나지 못했고, 텔레비전을 보다가도 비슷한 상황을 보면 몸에 쪼그라드는 것처럼 심장이 아프다. 트라우마에 몸이 먼저 반응한다.

  친정엄마는 어쩌면 치매에 걸리셨기에 아들의 죽음을 버티는지도 모른다. 제정신이면 살 수 없을 것 같은 상실도 있다. 동생과 아들의 무게는 많이 다르다. 비교할 수도 없다. 동생이 세상을 떠나고 엄마가 버틸 수 있을지 걱정이 됐지만 상중에도 엄마는 문상을 온 친척들 밥 먹었냐 챙기고 그 와중에도 체면치레하기에 바빴다. 그런 엄마를 보며 또 화가 났다. 자기 몸도 가누기 힘든데 손님을 챙기라고 하는 것도 쓸데없는 가식처럼 느껴졌다. 동생에게도 화가 나고 엄마에게도 화가 나고 그렇게 어찌할 줄 모르고 시간이 지나갔다. 내 안에 화가 가득 차서 슬픔이 그 틈을 비집고 나오질 못했다.

   실컷 울어야 했다. 목이 쉬도록, 지쳐 쓰러질 때까지 울어야 했다. 소리 내어 욕하고 소리쳐 울어야 했다.

죽음을 정의할 수 있나요

※ ※ ※

 아침에 문자를 받았다. 내가 죽음에 대한 이야기를 쓰고 있다는 것을 아는 어느 작가님이다.

> 매일매일 당신의 마지막 날처럼 살아가세요.
> 왜냐하면 그중의 하루가 마지막이 될 것이기 때문입니다.
> - 조나단 스위프트

 당연한 말이지만, 생각하면 참 무서운 말이다. 언젠가 틀림없이 죽는다는 걸 누구나 알고 있지만 피하고 싶은 일이다. 나는 아니었으면 좋겠고, 오늘, 내일은 아니기를 바란다. 매일 마지막 날이 될지도 모른다고 기억하고 살면 우리 삶이 의미 있어질까. 글쎄 어차피 죽을 거 마음대로 살겠다는 사람도 있다.

 'You only live once'

젊은 세대들에게 YOLO가 유행한 것 또한 '한 번 사는 인생인데 내 맘대로 즐기고 살자'에서 시작됐다. 처음에는 짐짓 부정적인 의미를 담고 시작했으나 우리나라에 들어오며 긍정적인 의미로 변해서 광고에도 많이 쓰였다. 그런 광고에서는 젊을 때 멋지게 살아보자는 이미지를 강조한다.

"오늘이 당신의 마지막 날이라면 누구와 무엇을 하고 싶으신가요?"

인생 리셋 수업 시간에도 참가자들에게 묻는 질문이다. 오늘은 나에게 묻는다. 나는 무엇을 해야 할까. 아무리 생각해봐도 특별히 하고 싶은 일은 떠오르지 않는다. 어느 바닷가에 앉아 멍때리고 있을지도 모르겠다. 사랑하는 사람이 옆을 지켜준다면 이상적이겠지만 별로 가능성이 없다. 아들이 있으면 다행이지만 그것도 장담할 수 없다.

시아버지는 병원에서 돌아가셨지만 집이 가까워서 다행히 위독하시다는 연락을 받고 가장 먼저 병원으로 달려갔다. 시아버지는 아주 조용히 임종을 맞으셨다. 80대에 암 수술을 두 번이나 하셨으니 기력을 다하고 떠나셨다.

어느 일요일 아버지를 뵈러 갔다가 집에 돌아오자마자 연락을 받았다. 6년 넘게 누워 계셨지만 임종하던 날도 얼굴을 볼 수 있어서 그나마 위안이 되었다. 내일이 마지막 날이 될 거라고 알게 되면 좋을까? 뭔가 준비를 할 수도 있겠지만 죽음을 기다리는 공포감이 클지도 모른다.

내가 80대가 된다고 편안하게 '이제 죽을 때가 되었어'라고 받아들일 수 있을까. 그럴 수 있으면 좋겠다. 그러기 위해 지금부터 죽음 이야기를 이렇게 매일 하고 준비를 하는지도 모르겠다. 마지막에 아등바등하고 싶지 않아서 오늘을 버티고 견딘다. 더 열심히 살아보려고 노력한다. 단 한 가지 소망이 있다면 나의 마지막 날을 병원에서 보내고 싶지는 않다는 것이다.

죽음학을 공부한다고 하지만 '죽음이란 무엇이다'라고 정의를 해 본 적은 없다. 얼마 전 만난 시인은 '죽음은 만질 수 없는 것이다'라고 정의했다. 일리 있는 말이다, 사랑은 만질 수 있어야 하니까. 우리는 죽음으로 사랑하는 사람을 더 이상 만질 수 없게 된다. 사랑할 수 있을 때 사랑하자.

어른 아이

※ ※ ※

운전 중에 라디오에서 옛날 노래가 나온다. 81년도에 나왔던 번안곡, 〈아빠의 말씀〉이다. 청아한 아이 목소리가 들린다.

이어 굵고 부드러운 최불암 씨의 목소리가 나오는 순간 울컥 눈물이 나왔다. 왜 그랬을까. 돌아가신 아빠 생각이 나서일까? 그럴 수도 있겠지만, 다른 이유도 있다.

〈아빠의 말씀〉은 빨리 어른이 되고 싶어 하는 아이, 큰 꿈을 가지고 있는 아이와 아빠의 대화 같은 노래다. 아빠는 꿈꾸는 아이에게 "아주 큰 꿈"을 가지라고, 네 인생은 지금부터 시작이니까 안 된다는 생각은 하지 말라고 용기를 준다.

내게도 누군가 그렇게 얘기해 주면 어땠을까 하는 생각이 문득 들었다. 그런 어른이 있었다면.

나는 어릴 때 꿈이 있었던가. 꿈이라는 걸 생각해 본 적이 없었던 것 같다. 아무한테도 이게 내 꿈이라고 이야기해본 적이 없는 것 같네. 누군가가 나를 쳐다봐 주고 내 생각을 들어

주는 어른이 있었다면 어땠을까. 고민을 털어놓을 수 있는 사람이 있었다면.

아직도 내 안에는 어른 아이가 산다. 누군가 안아주기를 바라는 아이가 있다. 아직도 미래가 불안하고 아무 때나 울고 싶은 아이가 나와 함께 산다. 이제는 내가 어른이 되었으니 그 아이를 안아주어야겠다. 무슨 말을 하고 싶은지도 잘 살펴보고.

내가 나보다 젊은 사람들의 고민을 들어주고 응원해주는 일을 좋아하는 이유도 아마 그런 것인지도 모르겠다. 아무도 없던 어린 시절을 생각하며 다른 사람들은 그렇지 않았으면 하는 마음. 아무도 알아주지 않지만 필요할 때 뛰어와서 자기 고민을 털어놓고 위로받을 수 있는 사람이 하나쯤 있으면 좋겠기에. 세상에 나를 믿어주고 응원하는 사람이 하나라도 있으면 팍팍한 세상살이가 조금이라도 덜 힘들지 않을까 하는 혼자만의 생각. 바쁘고 편안할 때는 찾을 일 없겠지만 말이다.

오늘은 내 안의 어른 아이에게 말해줘야겠다.

"아직 늦지 않았어. 지금부터라도 네가 원하는 것 다 할 수 있단다."

오늘은 주절거림

※ ※ ※

역시 낮에는 글이 써지지 않는다. 내가 쓰고 있는 글의 주제들이 죽음이기 때문일까.

오늘은 그냥 주절거림을 해보자. 토요일인데 친구에게 바람을 맞았다. 계획했던 약속이 펑크가 나고 갑자기 시간이 생겨서 컴퓨터를 켜고 책상 앞에 앉았다. 무엇을 써야 하나 빈 문서를 보고 멍 때리다가 어느 젊은 작가의 글이 생각났다. 하루 종일 글쓰기를 고민하다가 결국 실패한 에피소드.

그리고 『아티스트 웨이』에 나오는 아침 일기 쓰기 방법도 생각난다. 하루에 한 페이지씩이라 정하고 쓸 것이 정말 없는 날은 '쓰기 싫다, 쓰기 싫다'를 한 페이지 쓰면 된다는.

오늘은 그런 글쓰기를 하게 될 것 같다.

'뭘 쓰지, 무슨 얘기를 쓰라는 거야.'

얼마 전부터 다음 책을 준비하면서 죽음에 대한 글을 쓰기 시작했다. 원래도 죽음에 관심도 많았고 죽음학 공부도 하다 보니 거의 항상 죽음에 관련된 책을 읽고 있다.

그러다가 죽음에 대한 글까지 쓰려니 쉽지 않다. 매일 죽음을 곁에 두고 살다 보니 내가 좀 이상해지는 건 아닐까 싶은 생각도 든다.

이렇게 화창한 대낮에 책상 앞에 앉아 죽음을 생각할 일인가.

창밖에는 파란 하늘이 보이고 키 큰 나무가 바람에 살랑거린다.

가을이 보일락말락 한 계절이라 하얀 구름도 보인다.

이렇게 아름다운 날에도 누군가는 죽는다.

나는 우아하다는 말을 참 좋아하나 보다.
"죽을 때까지 인간의 존엄성을 지키며
우아하게 죽을 수 있으면 좋겠다."

두 번째

내 장례식에는
이 음악을 틀어주세요

내 장례식에 틀고 싶은 음악

※ ※ ※

사람들은 장례식을 상상하면 근엄한 장송곡이 떠오를지도 모른다. 레퀴엠이 딱 맞는 곡인지도 모르겠다. 모차르트의 레퀴엠도 좋겠지만 나에게는 너무 종교적이고 거창하다. 내 장례식은 슬프지 않았으면 좋겠다. 옛날처럼 곡소리 나는 장례식은 싫다. 옛날에는 곡소리가 망자를 보내주는 의식이었지만 지금은 유교 사회도 아니고 내가 조선 시대 여인 스타일도 아니라서 통곡은 필요 없다. 산뜻하게 떠나고 싶다. 마지막에 덜 후회하게 지금 하고 싶은 거 다 찾아서 하고 미련 없이 떠나자. 장례식에 온 사람들도 내가 애처롭지 않게 잘 살다 갔다고 말할 수 있게.

예전에 가수 조영남 씨가 자신의 히트곡이 〈화개장터〉밖에 없어서 자기 장례식에서 〈화개장터〉가 신나게 울려 퍼질지도 모른다고 얘기하며 웃었다. 〈화개장터〉는 싫지만, 장례식장이라고 꼭 슬픈 노래가 나와야 할 필요는 없지 않을까.

장송곡도 무겁지 않고 우아하게 흘러나왔으면 좋겠다. 나는 우아하다는 말을 참 좋아하나 보다.
"죽을 때까지 인간의 존엄성을 지키며 우아하게 죽을 수 있으면 좋겠다."
나도 말하면서 의아하다. 우아하게 죽는다는 것이 가능하긴 할까. 우아하게 죽을 수는 없어도 장례식이라도 우아하게 만들어볼까.

우아하게 바흐의 첼로곡도 좋겠다. 잔잔한 피아노 솔로도 괜찮다. 백건우 선생님의 〈브람스 인터메조〉도 참 좋다. 요즘은 음악을 들을 때마다 장례식을 떠올리곤 한다. 며칠 전 백건우 선생님의 고예스카스 독주회를 보며 그 연주를 내 장례식에 틀어도 좋겠다고 생각했다. 백 선생님은 본인 장례식에 어떤 곡을 틀어놓고 싶을까 궁금해진다. 백 선생님의 뒷모습과 하얀 머리를 보면서 오래 활동하실 수 있기를 기도하는 마음으로 연주를 들었다.

아름다운 음악을 들으며 남은 사람들도 편안하게 보낼 수 있으면 좋겠다. 평소에 내가 좋아하던 곡이라면 음악을 들으며 문상하는 사람들도 나를 떠올릴 수 있지 않을까.

 나에게 죽음을 연상시키는 곡은 말러 교향곡 9번 4악장이다. 다른 사람들은 그 곡에서 죽음을 느끼지 않을지도 모르지만 나는 들을 때마다 어김없이 눈물이 난다. 발인식 때는 잠시 말러 9번 4악장을 틀어주면 좋겠다.
 말러가 죽음을 주제로 곡을 쓰기도 했지만 내가 상실로 힘들 때 많이 들어서 그렇기도 하다. 글을 쓰다가 문득 궁금해졌다. 말러 9번 4악장은 다시 들어도 눈물이 날까 실험을 했다. 유튜브에서 4악장을 찾아서 켜자마자 어김없이 눈물이 난다.

 우연히 지휘자 클라우디오 아바도에 대한 특강을 들었다. "침묵을 듣는 지휘자"라는 부제가 붙어 있었다. 음악가 중에서 음악적인 내공은 물론이고 인간적인 면에서 존경스러운 사람들이 많지만 그중에서도 아바도는 독재자 같은 기존의 지휘자 스타일을 민주적인 지휘자로 바꾼 것으로 유명하다. 연주자들 사이에서도 인격적으로 존경을 받는다. 그런데 문제는 하필이면 마지막으로 소개한 곡이 말러 9번 4악장이었다. 아바도가 침묵을 어떻게 연주하는지 잘 보여주는 것이다.

그 설명을 듣자마자 나는 불안해지기 시작했다. 수업 중에 모르는 사람들 앞에서 울고 싶지는 않은데 어떡해야 할까 안절부절못하다가 심호흡을 했다. 초조한 상태로 연주가 시작되었다. 루체른 페스티벌 오케스트라의 연주로 아바도가 암으로 세상을 떠나기 몇 년 전 녹음이 된 것이라 그의 마지막 말러 연주이기도 했다.

조용히 시작한 4악장은 마지막엔 소리가 줄어서 거의 들릴락 말락 하게 끝난다. 연주가 끝났지만 아바도는 비장한 표정으로 꼼짝하지 않고 서 있다. 마치 묵념을 하듯이 3, 4분가량을 움직이지 않는다. 관객들은 물론 연주자들도 악기를 내리지 못한 채 숨죽이고 기다린다. 한참 후 아바도가 큰 숨을 쉬며 눈을 뜨고 관객들은 모두 일어서서 기립 박수를 친다. 침묵을 연주로 보여주는 정말 멋진 퍼포먼스라고 할 수 있지만 나는 울지 않으려고 입술을 깨물어야 했다. 눈물이 차오르는 걸 막기 위해 천장을 쳐다보고 계속 깊은숨을 쉬었다.

이처럼 죽음은 우리를 끝없는 침묵으로 이끌어 간다. 말러와 아바도는 침묵으로 죽음을 보여준다.

다양한 장례식

※ ※ ※

 언젠가 본 영화가 생각난다. 부모님이 사고로 돌아가시고 혼자 남은 젊은 여자가 있었다. 유산도 꽤 있었는데 갑자기 암 진단과 함께 시한부 선고를 받게 된다. 삶이 몇 달 안 남았다는데 자신이 죽고 나서 장례를 치러줄 사람이 없다. 만나는 남자한테 슬쩍 물어봤지만 놀라서 달아나 버린다. 그녀는 고민하다가 오래 만난 전 남친을 찾아가서 다시 얘기한다. 그는 인간적으로 그 일을 맡아주기도 한다. 어떻게 장례를 치러야 할지 함께 고민하다가 다시 사귀게 되고 결국 그녀는 약혼식처럼 지인들을 불러서 자신의 장례식을 직접 준비하게 된다.

 그 당시만 해도 죽음에 별생각이 없었고 사전장례식이란 개념도 없던 때라서 그 설정이 신기하고 신선했다. 그래, 죽고 나면 무슨 소용이야, 보고 싶은 사람들 초대해서 만나고 진짜 장례식은 가족끼리 정말 조용히 치르는 것도 좋은 방법이라는 생각을 했다. 요즘은 사전장례식이라는 말이 생기고 사람들 사이에 점차 알려졌다.

얼마 전 드라마에서도 암으로 죽음이 다가오는 친구를 위해 브런치 파티를 열어주는 장면이 나왔다. 친구가 자기 장례식에 초대할 명단을 만들었는데 그것을 브런치 명단으로 만들어서 미리 서프라이즈 파티를 연 것이다. 보고 싶은 사람들을 미리 만날 수 있게. 누구나 한번쯤 생각해 볼 일이다. 내가 보고 싶은 사람들은 죽기 전에 만나야 하지 않을까.

> 이번 장례는 조문하는 분들이 장소/시간에 구애없이, 온라인상에서 충분히 고인의 생애를 돌아보고 고인을 추모하도록 하는 고인 중심의 장례 문화를 만들어 가자는 취지에서 온라인 장례 방식으로 진행하고자 합니다.
> 지금까지의 장례는 상주 중심의 장례로서 많은 조문객들은 고인의 삶에 대하여 알고 추모한다는 인식이 부족했습니다.
> 또한 이러한 시도가 다중 접촉을 절제해야 하는 팬데믹의 시대에 부합하고, 장례 참가로 인한 개인적/사회적 수고나 비용에 대한 개선 등 새로운 장례문화의 시발점

이 되었으면 하는 바람도 있습니다.

이런 뜻에서 방문 조문과 조화는 정중히 사절하오니 부디 양해해 주시기 바라며, 고인의 삶에 대한 관심과 애도는 온라인을 통한 추도사나 마음으로 전해 주시면 감사하겠습니다.

오랜 친구에게서 문자를 받았다. 우리의 인연은 대학 신입생 때부터이니 거의 40년이 된 셈이다. 그의 아버지의 부고는 신문기사를 통해 먼저 알게 되었다. 고인의 뜻에 따라 장례식장도 없고 장지도 공개하지 않는다는 설명이 있었다. 며칠 지나고 나서야 그에게 연락을 했다. 엄마가 돌아가신 지 두 달이 지났지만 나도 아직 정신이 나간 듯 멍한 상태라 그에게도 시간이 필요할 것 같아서였다.

나도 사전장례식을 하고 장례식은 가족끼리 조용히 지내면 좋겠다고 생각하는데 이렇게 간단하게 온라인 장례식을 치르는 것은 처음이다. 돌아가신 날 바로 입관하고 다음 날 발인을 했다고 한다. 그럼에도 '지금까지의 장례는 상주 중심의 장례로서 많은 조문객들은 고인의 삶에 대하여 알고 추모한다는 인식이 부족했습니다.'라는 부분에 공감이 간다. 온라인으로 받은 링크를 열어보니 기업인으로 살아오신 아버지의 일생이 회고록처럼 잘 정리되어 있었다. 추모의 글을 남기면 책자도 보내준다고 한다.

아들에게 보여주고 우리도 이렇게 하는 거 어떠냐고 물었더니 너무 드라이하다고 싫다고 한다. 그래, 우리는 중간쯤으로 할까 다시 물었다. 할머니를 보낸 지 얼마 되지 않아서 아직 장례 절차를 직접 치른 충격에서 벗어나지 못한 건가. 앞으로 반세기 동안은 장례는 없을 거라는 단호한 답이 돌아왔다.

문상객이 전혀 없이 장례식을 치르는 것은 한편으로 섭섭한 일이겠지만 조용히 고인을 생각할 수 있는 방식도 좋은 것 같다.

어차피 슬픔과 애도의 시간은 삼우제가 지나고 혼자가 되면 그때부터 다시 시작된다.

연말마다 영정사진

※ ※ ※

해마다 12월이 되면 "Finally Me"라는 영정사진 프로젝트 공고가 나길 기다린다. 몇 년 전부터 찍기 시작한 영정사진은 이제 한 해를 마무리하는 이벤트가 되었다.

옛날에는 어른들이 돌아가시면 영정사진을 미리 준비해두지 않아서 가족들이 앨범을 뒤져서 아무 사진이나 갖고 오는 경우가 허다하다. 독사진도 아니고 가족이나 친구들과 찍은 사진에서 오려서 확대하기도 한다. 그나마 요즘은 포토샵 기술이 좋아서 확대하고 선명하게 작업을 해서 영정사진을 만들어 준다.

어떤 분이 내게 물었다. 영정사진은 누가 정해야 하는 거냐고. 정해진 법은 없다. 내가 쓰고 싶은 사진을 미리 골라 놓으면 본인이 원하는 대로 쓰면 될 것이고 그런 준비가 없다면 상주가 골라서 쓰면 된다. 나는 내 맘에 드는 사진으로 정해서 아들에게 알려주어야겠다. 너무 젊지도 늙지도 않은 사진으로.

40대 초반쯤이었나. 산부인과 의사였던 친한 선배가 과로로 갑자기 돌아가셨다. 아침에 일어나지 않아서 아들이 들여다보니 이미 떠난 뒤였단다. 소식을 듣고 그날 저녁 문상하였다. 항상 밝고 씩씩한 분이셨는데 마음이 아팠다. 영안실에 발을 들인 순간, 화사한 미소를 띤 영정사진을 보았다. 갑자기 욱하고 주체할 수 없이 눈물이 터졌다. 남의 장례식에서 그렇게 울어 본 적은 처음이었던 것 같다. 웃는 사진으로 영정사진을 처음 쓴 사람이 가수 김광석이라고 듣긴 했지만 내가 본 장례식 중에는 그때가 처음이었다. 그냥 무표정한 사진이었다면 덜했을까. 너무 예쁘게 웃고 있는 영정사진 속 선배 얼굴이 죽음이라는 현실과 대비되어 더 가슴이 아팠다. 그렇게 예쁜 사진을 영정사진으로 쓰면 안 되겠다는 생각마저 들었다.

몇 년 전 처음으로 영정사진을 찍으러 갔을 때 사진작가가 물었다. 왜 오게 되었는지. 지인 소개가 아니면 찾아오는 사람이 별로 없다면서 어떻게 알고 왔는지 신기해했다. 내가 죽음학 수업하는 것을 알고 있는 친구가 소개를 해줬다. 어느 사진작가가 연말마다 신청자를 모아서 영정사진을 찍는 프로젝트를 하고 있다고. 나는 고민할 것도 없이 SNS에서 링크를 찾아서 신청했다.

  차가 막히는 연말에 우리 집에서 종로까지 가는 길이 쉽지 않았지만 약간 설레는 기분으로 서둘러 나갔다. 예약 시간보다 일찍 도착해서 주변 카페에서 커피 한 잔을 시키고 기다렸다. 시간이 다 되어 장소를 찾았다. 오래된 건물이라 엘리베이터도 없는 5층까지 힘들게 올라갔다. 작가와 인사를 하고 숨을 돌리고 스튜디오처럼 꾸며진 방으로 들어갔다.
  공유사무실 위층에 있는 카페 한쪽 공간을 암막 커튼으로 막았다. 부드러운 조명이 하나 켜져 있고 어두웠다. 작가가 나에게 커다란 헤드셋을 건넸다. 헤드셋을 머리에 끼자 차분한 음악과 함께 목소리가 들렸다.

  골목 한쪽이 시끌시끌해서 소리를 따라가 보았다. 사람들이 모여서 웅성거리며 장례식을 준비하고 있었다. 나의 장례식이었다. 내가 누워 있고 주변에 아는 사람들 얼굴이 보인다. 누가 보이나요? 눈을 뜨니 작가가 물었다.

"마지막 순간에 옆에 있는 사람이 떠오르시나요?"
"그 사람에게 보여주고 싶은 표정을 마음대로 지으시면 됩니다."

나는 아들이 떠올랐다. 아들에게 마지막으로 보여주고 싶은 얼굴은 아주 편안한 모습이다. 최대한 편안한 표정. 세상의 모든 짐을 다 내려놓고 해탈한 사람 같은 얼굴. 활짝 웃지는 않지만 슬프지도 않은, 온몸에서 힘을 쭉 뺀 자세로 나의 첫 번째 영정사진을 찍었다.

두 번째 영정사진은 눈을 감고 편하게 찍었다. 문제는 세 번째였다.

엄마가 돌아가시고 다섯 달쯤 지났을 때, 연말이 다가오고 어김없이 나는 영정사진을 찍으러 갔다. 장례식 이후 내 마음은 여전히 아슬하게 줄타기를 하고 있었다. 아무 때나 이유 없이 눈물이 흘렀다. 그날의 주제는 나의 이름을 생각하는 것이었는데 잠시 생각을 하다가 또 눈물이 터져 버리고 말았다. 왜 우는 건지 나도 모른다. 작가도 당황해서 어쩔 줄 모르다가 주섬주섬 휴지를 건네주었다. 한참 진정하지 못하고 서럽게 흐느끼다가 다시 촬영을 시작했다. 우는 동안에도 사진기 셔터는 계속 눌러졌다. 몇 주가 지나서 완성된 사진을 받았지만 역시 그날의 상태는 좋지 않았다. 사진 속에는 초췌하게 나이 들고 피곤해 보이는 여자가 있었다.

얼마 전 네 번째 영정사진을 찍었다. 작가님이 이제 영정사진 프로젝트를 그만한다고 한다. 나에게도 연말마다 하는 이벤트가 되었는데 섭섭하다. 마지막이라 그런지 원래 정해진 사진 말고 한 컷을 더 골라서 보내왔다. 작가님과 이야기하는 와중에 찍힌 사진이라 아주 활짝 웃고 있는 모습이다. 너무 웃어서 눈가에 입가에 주름이 가득하다. 거울을 볼 때는 미처 몰랐다. 60대의 얼굴이 그렇다는 것을. 내가 60세가 되었다는 것을 잊고 있었나 보다. 사람들은 웃는 것이 예쁘다며 진짜 영정사진으로 써도 되겠다고 말하지만 안 된다. 위에서 말한 것처럼 너무 화사한 사진은 문상객을 더욱 힘들게 하니까.

그 사진을 나의 영정사진으로 쓸 일은 없을 것 같다. 다음 연말에도 그다음 해에도 다시 찍을 테니 그중에 하나가 언젠가는 진짜 나의 영정사진이 되겠지. 남은 사람들이 보기 좋게 편안한 얼굴로 남겨지면 좋겠다. 나이가 들수록 내 얼굴은 내가 만들어 가는 것이니 잘 살아야지, 늙어서 예쁘지 않아도 진정한 어른다운 모습이길 바란다. 내 장례식에는 편안한 영정사진을 걸고 싶다.

이제서야

※ ※ ※

 작년 봄 코로나가 극성을 부리던 시절, 뉴스에 90세 의사의 부고가 실렸다. 이름이 어딘가 익숙하다. 자세히 보니 어린 시절 살던 동네 내과 선생님이셨다. 우리가 어릴 때는 동네마다 작은 의원들이 있었다. 주로 내과와 소아과를 겸하고 있었던 것 같다. 아이들이 태어날 때부터 모든 가족이 그 병원을 다닌다. 집안 사정도 다 알고, 우리 가족 주치의 느낌이었다.

 어른이 되고 그 병원을 더 이상 갈 일이 없었다. 이사를 여러 번 하고 기억에서 사라졌지만 의사 선생님 얼굴은 또렷이 기억난다. 부부가 다 의사였는데 우리를 돌봐주던 분은 부인이었다. 목소리가 까랑까랑해서 성격도 까다로울 것 같은 이미지였다. 내 기억에선 사라졌지만 친정 엄마와는 계속 연락이 닿았던 모양이다. 병원 진료도 계속 하고 있어서 엄마가 코로나로 종합병원에 가기 복잡하고 어려운데 문제가 생겼을 때마다 물어볼 수 있어서 든든했다. 필요한 약도 보내주고 여러모로 도움을 주었다.

의사와 환자지만 60년을 이어온 인연이다. 그 의사 선생님이 코로나에도 환자를 계속 돌보다가 환자에게서 코로나가 전염되어 돌아가셨다. 죽을 때까지 의사로서의 책임을 다하신 것이다. 내가 어릴 때는 그냥 깐깐한 분이려니 생각했는데 미리 감사도 드리지 못하고 코로나가 너무 심할 때라 문상도 할 수 없었다.

의사라도 자기 몸이 아픈 것을 미리 알 수도 없고 사람의 힘으로 되지 않을 수도 있다. 아무리 암 전문가인 종양 내과 의사라도 자기가 암에 걸리는 것을 막을 수는 없으니 말이다.

H 선생님도 저명한 종양내과 전문의였으나 한창 일을 할 나이에 암이 나타났다. 다행히 치료가 잘 되었지만 병원 업무를 감당하기는 힘들고, 일보다는 건강하게 사는 것이 중요하니까 조금 일찍 은퇴를 하셨다.

전원생활을 꿈꾸며 미리 준비해 놓은 땅에 집을 짓고 자유인의 삶을 시작했다. 다양한 취미가 많아서 시골에서도 농사와 함께 글쓰기, 서예. 악기 연주뿐 아니라 많은 활동을 하고 계신다.

시골 생활 덕분인지 예전보다 더 건강해 보이시는데, 얼마 전 '이제' 유언장을 써야겠다고 하신다. 궁금한 생각이 들었다. 항암치료를 하고 죽을지도 모르는 그 시점에는 왜 유언장을 안 쓴 거지? 왜 아직 유언장을 안 쓰셨냐고 물었다.

죽음이 눈앞에 있다고 생각되는 그 시기에는 살아야 한다는 생각만 했단다. 자신은 절대 죽지 않을 거라고 믿으면서 치료에 전념해야 했단다.

그 말에도 공감이 갔다. 아픈 사람이 유언을 남기려 하면 주변 사람들이 말린다. 왜 죽을 준비를 하는 거냐며. 정신 차리고 살라고 한다. 그러다 유언장을 남길 힘도 없이 마지막이 되면 어떡하지. 답이 안 나오는 질문들이 끊임없이 머릿속을 맴돈다.

소중한 사람에게 쓰는 편지

※ ※ ※

 유언장을 쓰기에 적당한 때가 있다면, 그것은 지금이다. 물질적인 유산 상속에 대한 것만 유언장은 아닌 것 같다. 나는 유산으로 남겨줄 만한 재산이 없다. 자식도 아들 하나뿐이라 나눠 줄 사람도 없다.

 죽음을 미리 생각하고 유언장을 쓴다는 것이 쉬운 일은 아니다. 뇌출혈로 쓰러져서 6년간 누워만 있다가 가신 아버지를 생각하면 아직도 눈물이 그치지 않는다. 무슨 말을 하고 싶었을까. 하나밖에 없는 딸이라고 나에게는 항상 원하는 것을 다 해주는 아버지셨다. 엄마가 아들 뒷바라지하느라 바쁠 때 그 빈자리를 대신해 주셨다. 돌아가시기 전에 대화할 수 없었던 것이 못내 아쉽다. 엄마가 치매를 앓은 지도 5년쯤 지났다. 아직 나를 알아보긴 하지만 몸이 좋지 않으면 삶도 헷갈리고 말도 잘 하지 않는다.

요양원의 어느 할머니는 재산이 많지만, 자식들이 잘 찾아오지 않아 매일 창밖을 바라보며 지내신다. 어떻게 하면 빨리 죽을 수 있을까 생각하며.

한 할아버지는 매일 점심때면 딸이 와서 식사를 챙겨드리고, 저녁이면 아들이 낡은 차를 끌고 와서 저녁을 수발하고 산책시켜드리고 간다. 가난하지만 아름다운 가족이다.

자식들에게 남겨 줄 유산이란 돈이 다는 아닌 것 같다. 부모님이 편하게 사시고도 재산을 남겨 준다면 좋은 일이지만 그보다 서로 사랑할 수 있는 마음과 아름다운 추억을 남겨 주어야 하지 않을까.

이제 나의 유언장을 써야 할 때다. 유언장은 남은 사람들에게 사후 처리를 부탁하는 것과 나에게 쓰는 것, 두 가지로 나뉜다. 아들이 다 커서 혼자 살 수 있는 나이가 되어서 다행이다. 재산을 남겨 줄 수 없는 대신 함께했던 좋은 추억밖에 남겨 줄 것이 없다. 내가 열심히 살아온 길이 유산이다. 요즘은 시간이 날 때마다 아들과 둘이 여행을 간다. 길어야 이삼 일 정도의 주말여행이지만 온종일 얘기할 수 있으니 좋다.

내가 살아 온 길을 돌아보면 뭐가 남았을까. 기쁨도 많고 상처도 많다. 성공한 것이 없어도 열심히 살았으니 되었다. 물려줄 것이 없어도 사랑하니 되었다. 남에게 보여주는 인생이 아니라 더 소중한 것이 무엇인지 가르쳐 주는 것이 나의 유산이다.

나처럼 평범한 사람은 특별히 유언장을 공증을 하거나 변호사가 필요하지도 않다. 보통 사람에게 유언장을 쓰는 일이란 살아 온 나의 인생을 한번 정리해 볼 수 있다는 의미를 지닌다. 소중한 사람들에게 나의 뜻을 남길 수 있는 일이다. 거창하고 어렵게 생각하기보다는 내가 이야기하고 싶은 누군가에게 편지를 쓴다고 생각하면 좋을 것 같다. 가족에게, 친구에게, 연인에게, 고마운 지인들에게 다정한 손편지 한 장 보내는 기분으로 쓰면 되지 않을까.

이제 나도 조용히 지난 세월을 돌아보고 첫 번째 유언장을 써야겠다. 아들에게 사랑한다고 고맙다고 말하고, 나에게도 수고했다고 말해주고 싶다. 고맙고 사랑한다는 말 외에 더 할 말이 있을까. 몇 번이나 고쳐 쓸 시간이 있을지 모르겠다. 해마다 연말이면 새해 계획과 함께 유언장을 수정하고 새로운 한 해를 맞이하는 것도 좋을 듯싶다.

일 년 뒤에 보내 드립니다

※ ※ ※

얼마 전 제주 여행을 갔다. 코로나 때문에 외국 여행은 못 가고 국내에서 가장 멀리 갈 수 있는 곳으로 일주일간 떠나 보기로 했다. 시월의 억새밭을 보기 위해서다. 가을 제주의 오름은 억새로 뒤덮인다. 바람에 날리는 억새를 보고 있으면 물멍, 불멍이 아니라 억새멍이 된다. 아니 바람멍이라고 하는 게 맞으려나.

잠시 일행과 헤어져서 혼자 놀 시간이 생겼다. 뭘 할까 하다가 평소에 좋아하는 세화 해변으로 나갔다. 세화 주변에 새로 생긴 작은 문구점 구경도 하고 제주 기념품을 파는 가게 구경도 하고 그러다가 어느 카페 창문에 "일 년 뒤에 보내 드립니다"라는 문구를 발견했다.

외국 여행을 갔을 때도 항상 나에게 엽서를 보냈던 터라 그 문구에 끌려 카페로 들어갔다. 세화 해변을 찍은 사진과 그림 엽서들이 있었다. 한쪽 벽에는 1월부터 12월까지 원하는 날짜에 엽서를 넣을 수 있는 선반이 있다. 엽서를 쓰고 원하는 날짜 칸에 넣으면 내년 그 날짜에 맞춰서 보내주는 것이란다.

항상 그렇듯이 내 것 한 장, 아들 앞으로 한 장을 골랐다. 내년 아들 생일에 맞춰 보내주면 좋겠다는 생각이 들었다. 평소에 애정 표현도 잘 못하는 무뚝뚝한 성격이라 글이라도 잘 써보자 싶어서 정성껏 엽서를 쓰고 내년 4월 아들 생일에 맞춰 도착하게 날짜를 찾아서 넣었다. 값비싼 물건이 아니지만 좋은 선물이었으면 좋겠다. 나에게도 한 장을 썼다. 그것도 내 생일에 맞춰 도착하도록. 앞으로 일 년을 넘게 기다려야 올 테니 아마 엽서를 썼던 사실도 잊어버릴지도 모르겠다. 그때까지 살아서 받을 수는 있겠지.

죽기 전에 후회하는 일, 혹은 죽기 전에 하고 싶은 일을 물어보면 꼭 나오는 대답이 사랑하는 사람들에게 사랑과 감사를 표현하는 일이다. 지금이라도 가족이나 친구들에게 사랑한다고 말하면 될 것을 왜 미루고 미루다가 죽기 전에 후회로 남는 걸까. 우리에게 시간이 많다고 생각하기 때문이다. 바쁜 일상에 치여 살다 보면 그런 일들은 나중에 해도 되니까 미룬다. 꼭 그런 걸 말로 해야 아나 싶은 똥고집으로 미룬다. 생각은 하지만 쑥스러워서 민망해서 말하지 못하고 미룬다. 말하기 힘들면 편지나 카드를 써보는 것은 어떨까.

우리는 누구나 내일이라도 죽을 수도 있다는 사실을 안다. 그런데 사느라 바빠서 잊어버리고 산다. 그러다가 주변에서 갑자기 사고로 죽거나 암 선고를 받은 사람들을 보게 되면 다시 깨닫는다. 아, 지금 잘 살아야지. 그러나 또 다음 날이면 잊고 산다.

얼마 전 지인이 건강검진을 받다가 췌장에 종양이 발견되어 정밀 검사를 받았다. 크기도 꽤 크고 위치도 좋지 않다고 해서 큰 병원으로 옮겨서 다시 검사를 했다. 검사를 하고 결과를 상담하고 재차 확인하는 3주일 사이에 그녀는 췌장암 환자가 되었고 곧 죽을 사람처럼 주변 정리를 하기 시작했다. 고향에 내려가서 가족사진도 찍고 수술하면 회복하는 동안 내려가 지낼 요양병원까지 알아보았다.

결론적으로는 종양은 양성이라 암은 아니고 가을에 다시 검사를 하면 된다고 한다. 빨리 발견해서 천만다행이지만 그 3주 사이에 그녀의 인생이 바뀌었다. 사업도 조금 정리하고 자신에게 집중하기로 한 것이다. 서울을 떠나서는 아무것도 못할 것 같았는데 아프면서 가족들의 도움을 받고 보니 이제는 생각이 바뀌었다. 이번 여름에는 두 달 정도 부모님 댁에서 가족들과 함께 지내려고 계획하고 있다.

　나는 사람들에게 항상 말한다. 사느라 빠듯한 가운데서도 여유를 가지고 자신의 삶을 다시 보고 주변 사람들을 돌아봐야 한다고. 하지만 대부분 한가한 소리 한다고 무시하기 일쑤다. 그러다가 큰 병에 걸리거나 힘든 일을 겪은 후에야 정신을 차리고 그리 정신없이 살면 안 되겠다고 말한다. 아무리 미리 얘기해줘야 소용이 없다. 왜 사람들은 당해보지 않고는 모르는 걸까.

　『성공한 사람들의 시간 관리법』에도 나오는 말이다. 성공한 사람들은 급하지 않지만, 우리 인생에서 중요한 일에 우선순위를 둔다. 우리도 무엇이 정말 가치 있는 일인지 다시 생각해 보자. 죽는 순간에 후회할 일이 무엇일까. 사랑하는 사람에게 사랑한다고 말하는 일. 미루지 말고 오늘 하자.

내 손으로 없애야 할 것들

※ ※ ※

 우연히 티비를 보다가 특수 청소라는 직업이 있다는 것을 알게 되고 『죽은 자의 집 청소』라는 책을 읽었다. 가슴 아픈 에피소드도 많았지만 죽음 뒤 남겨질 유품에 대해 구체적으로 생각해 볼 수 있는 계기가 되었다.
 〈무브 투 헤븐〉이라는 드라마도 재미있게 보았다. 천국으로의 마지막 이사를 도와주는 유품 정리사. 고독사를 하는 분들의 유품을 정리하거나 가족들이 의뢰해서 유품을 정리하기도 한다. 어떤 가족들은 유품 정리는 남에게 맡기고 값어치가 나갈 만한 물건만 가져가기도 한다. 돌아가시기 전에는 들여다보지도 않던 가족들이 집문서나 현금을 놓고 싸우기도 한다. 다양한 죽음과 그 후의 일들을 보여준다.

 내가 진행하는 죽음학 워크숍, 인생 리셋 수업시간에도 그 문제에 대해 이야기를 한 적이 있다. 어떤 사람은 '그냥 두면 자식들이 알아서 하겠지, 남은 시간도 아까운데 그런 걸 뭣하러 미리 하누'라고 말하기도 한다. 성향에 따라 미리 버릴 것은 버리고 깔끔하게 정리하고 떠나고 싶은 사람도 있다. 그것도 백이면 백, 사람마다 다르다.

호랑이는 죽어서 가죽을 남기고 사람은 이름을 남긴다고 했던가. 이름도 못 남길 것 같은데 나는 무엇을 남겨야 하나. 나의 유품이라고 해 봐야 대단한 것도 없다. 대부분 태워버려도 상관없는 것들이지 싶다.

'옷 안 사기'를 노력하고 있으니 있는 옷장도 점차 비우고, 물건들도 틈틈이 정리하고 필요한 사람에게 보내기도 한다. 박경리 작가님 말처럼 살고 싶다.

"버리고 갈 것만 남으니 홀가분하다."

한 가지 마음에 걸리는 것은 일기장이다. 매일 일기를 쓴 지가 이십 년은 된 것 같고, 그 안에는 이런저런 개인사가 늘어져 있다. 내가 만난 남자 얘기도 다 써 있다고 했더니 그걸 보러 가야겠다는 친구들도 있다. 미리 죽음을 예견할 수 있다면 내 손으로 태워버려야 할 텐데. 갑자기 사고라도 생기면 그 일기장들은 **어찌할꼬**. 언제쯤이 그런 사적인 물건들을 정리하기에 적절한 시점일까.

죽기 전에 할 일을 미루지 말고 유언장도 미리 써보라고 말하지만, 육십에 유품 정리를 하기에는 조금 이르지 않을까.

오늘도 책장 한 칸에 가득 쌓여 있는 일기장을 한번 째려본다.

오늘이 마지막이라면

※ ※ ※

언제부터인가 매일 죽음이라는 것을 생각하며 산다. 나이 탓인지, 나의 개인적인 경험 때문인지 모르겠다. 죽음이 낯설지도 않다. 삶의 반대말이 죽음일까. 우리의 몸 안에서 수천만 개의 세포가 매초 사라지고 다시 생겨나는 것처럼 삶과 죽음은 항상 함께 있다.

주변에서 암 투병하는 사람들도 많고 어이없는 사고사도 많다. 과로나 스트레스로 돌연사하는 친구들도 가끔 본다.
몇 년 전 크리스마스에 친구를 보내며 상가에 앉아서 남은 친구들이 말했다. 정말 내일이 없을지도 모른다고. 오늘이 마지막 날인 것처럼 살아보자고.

오늘이 마지막 날이라면 무엇을 하고 싶을까. 아마도 대부분 사랑하는 사람을 만나고 싶거나 남은 시간을 함께 보내고 싶지 않을까 생각한다.

나도 아들과 밥이라도 함께 먹고 싶을 것 같다. 소중한 사람들에게 못다 한 말을 해야 할지도 모르겠다. 미안하다고, 사랑한다고.

그런데 우리는 왜 그렇게 하지 못할까. 바쁘다는 핑계로, 혹은 얄팍한 자존심 때문에 하고 싶은 말을 미룬다. 그러다가 내일이 오지 않는다면 어떨까.

오늘 하고 싶은 일에 최선을 다한다면 내일 죽는다고 시한부 선고를 받아도 크게 달라질 것이 없을 것이다. 오늘과 똑같은 일상을 살 뿐이다.

삶을 포기할 만큼 소중한 것이 있다면, 혹은 죽음을 선택할 만큼 큰 가치를 지닌 것이 있다면, 그것이 무엇일까. 마지막 순간, 내 생명을 기꺼이 버릴 수 있게 하는 건 돈일까, 명예일까, 권력일까. 아니, 그것은 오직 사랑이다. 로미오와 줄리엣이 아니더라도 우리를 지탱하고 움직이는 힘은 모두 사랑에서 나온다.

그러니 소중한 사람들에게 매일 이야기하자. 사랑한다고.
오늘이 마지막 날인 것처럼.

그게 무슨 소용 있어요?

※ ※ ※

"당신의 삶이 30일 남았다면 무엇을 하고 싶은가요?"

가장 많은 대답은 사랑하는 가족들과 남은 시간을 보내고 싶다는 것이다.

* 가족과 여행을 가고 싶다
* 좋은 사람들과 식사를 한다
* 맛집을 간다
* 자연을 천천히 보고 싶다.
* 소지품 정리를 한다.
* 사랑하는 사람들에게 감정 표현을 한다

몇 년 전 내가 처음으로 죽음학 워크숍 "인생 리셋 프로그램"을 열었을 때였다. 수업 시간에 사람들이 진지하게 고민하고 있을 때 한 남자분이 말했다.

"그런 게 다 무슨 소용 있어요? 내 인생이 한 달 남았으면 어떨까, 하루가 남았다면 어떨까 매일 생각해 봤는데 답도 없고 별 도움도 안 되던데."

아... 뭐라고 답을 해야 하나 나는 잠시 멍해졌다.

그 순간 앞에 있던 다른 참가자가 말했다. 그녀는 몇 년 전 항암치료는 했는데 얼마 전 다른 곳으로 전이가 되어 다시 치료를 하고 있었다. 그녀는 한밤중에 티비를 보다가 치킨이 먹고 싶으면 바로 배달을 시킨다고 했다. 그것이 마지막이 될지도 모르기 때문이다. 무엇이든 하고 싶은 것이 생각나면 바로 해야 한다고. 모든 것이 그녀에겐 진짜 마지막일 수도 있으니까.

시큰둥하게 말을 꺼냈던 남자가 머쓱한 표정으로 입을 다물었다.

사람들이 죽기 전에 마지막으로 하고 싶은 것들은 대단한 일들이 아니다. 지금, 오늘이라도 당장 할 수 있는 것이다. 그런데 왜 미루고 미루다가 죽기 전에 하려고 할까. 늦기 전에 주변을 돌아보자.

Today, not someday

PS: 얼마 전 그녀의 부고를 들었습니다. 고인의 명복을 빕니다.
나의 오늘이 누군가 염원하던 내일이었다는 것이 절감되는 날입니다.

버킷리스트

※ ※ ※

"버킷리스트 만들지 말고 하고 싶은 것을 지금 해라."

죽기 전에 하고 싶은 일들을 적어 놓은 버킷리스트. 적어 놓지는 않았어도 누구나 그런 것이 있을 것이다. 언젠가 한번 해보고 싶다고 생각하는 바람 같은 것들 말이다.

누군가는 말한다. 버킷리스트가 있으면 잘못 살고 있는 거라고. 어쩌란 말인가. 그의 주장은 하고 싶은 것이 있으면 지금 해야 한다는 것이다. 버킷리스트를 자꾸 만드는 것은 하고 싶은 일을 미루고 하지 못한다는 말이니까. 이론상은 맞는 말이다. 그럴듯하다. 그런데 현실적으로 가능한지 모르겠다.

나에게도 버킷리스트가 있다. 가능한지 모르지만 죽기 전에 소설을 쓰고 싶다. 그보단 조금 가능한 것은 어른을 위한 그림책을 만드는 것이다. 지금 당장 하라고 말하고 싶지만 아직 능력이 되지 않는다. 준비하다 보면 언젠가 될지도 모른다는 희망이 있을 뿐.

 버킷리스트처럼 거창한 이름 붙이지 말고, 하루하루 하고 싶은 일을 찾고 그것을 하려고 노력하며 살면 되지 않을까. 젊은 시절 우리는 해야 하는 일만 하다가 피곤해서 지치고 인생은 그렇게 지나간다. 그렇게 사는 게 당연한 줄 알았다. 어른이니까, 책임감 있는 어른이니까. 아내라서, 엄마라서 그래야 하는 줄 알았다.

 이제는 일도 내려놓고 아이도 다 커서 내가 하고 싶은 것에 집중해도 상관없는 나이가 되었지만 도전하기에 너무 늦은 것도 있다. 어떤 일은 어울리는 때가 있다. 해야 하는 일보다 하고 싶은 일을 먼저 해도 인생에 큰 상관이 없다는 것을 그때는 몰랐다. 우선순위를 조금 바꿔도 괜찮다. 내가 하고 싶은 일을 하고, 거기서 얻은 에너지가 있어야 해야 할 일도, 남을 위한 일도 할 수 있다.

 언젠가 그림책을 만들기 위해서 그림 그리는 연습을 하고 간단하지만 감동적인 스토리를 찾기 위해 나는 오늘도 책을 읽고 여기저기 헤매고 다닌다. 책상 앞에만 앉아 있다고 좋은 글이 나오지는 않는다.

하고 싶은 거 다 하고 살아라

※ ※ ※

작업실에서 30분쯤 달려서 찍어놨던 한옥카페를 찾아갔다. 휴일도 아닌데 문이 닫혀 있다. 예상치 못한 상황에 주변을 방황하다가 포기하고 돌아갈까 하는데 카페에서 누군가 나오는 것을 발견했다.

"오늘 문 안 여는 날인가요?"

"예약을 해야 하는데, 지금 들어오셔서 차 한잔을 드실 수 있습니다."

바로 카페로 따라 들어갔다. 운 좋게 카페 사장님을 만난 것이다.

얼마나 유명한 집이길래 커피 한잔 마시자고 미리 예약을 해야 한단 말인가. 알아서 추천 커피를 달라 하고 바 앞에 앉았다.

몇 년 동안 장사를 하지 않고 지인들이 예약을 할 때만 문을 연다고 했다. 오늘처럼 사장님이 나오는 날 시간이 맞으면 혼자 가서도 커피를 마실 수 있다. 그러고 보니 나는 오늘 억수로 운 좋은 날이었던 셈이다.

사람 없는 빈 카페에서 혼자 바에 앉아서 커피를 마시다 보니 사장님과 이런저런 이야기를 하게 되었다. 카페 곳곳에 다양한 악기도 많고 LP와 턴테이블도 있다. 전부 사장님이 취미로 하는 것들이란다.

카페 문은 안 열고 취미생활만 하는 분인가. 참 신기하다.

딸들은 다 커서 서울에 자리를 잡고 가끔 내려온다. 둘째가 태어나고 나서 아이들을 아이답게 키우고 싶어서 시골로 이사를 했다.

"공부는 절대 하지 말아라. 인생은 짧으니 하고 싶은 것을 하고 살아라."

아이들이 아빠 뭐해도 되냐고 물으면 묻지 말고 하고 싶으면 하라고 늘 이야기했다. 그 덕에 딸들은 공부는 수업 시간에만 하고 나머지 시간은 시골에서 뛰어놀며 컸다.

그럼에도 큰딸은 공부를 해야겠다고 해서 장학금 받으며 대학을 나왔다. 일찍 결혼해서 부부가 함께 사업을 잘 해나가고 있다.

작은딸은 미용기술을 배우고 싶다고 해서 고등학교부터 학교 미용학원을 다니고 방과 후엔 미장원에서 알바를 하면서 대학을 다녔다. 졸업 후에 혼자 미용실을 차렸다가 2년 하고 나서 확장을 하고 있다.

시골에 내려온 후에 돈을 벌기 위해 일을 해 본 적이 없고 집에 쌀이 있으면 돈을 벌지 않는다고 한다. 이제는 딸들이 아빠를 걱정하고 챙기는 것 같다. 진정한 자유로운 영혼이라고 해야 하나. 애들을 자유롭게 키우는 것은 부모의 의지에 달린 일이라고 강조한다. 나도 아들을 키웠지만 현실이 생각처럼 되지는 않는다. 아들이니까 더욱 독립적으로 키워야지 싶으면서도 내가 잘못하는 건 아닌지 항상 걱정이 되었다.

카페 사장님이 아이들에게 항상 하는 말이 우린 다 죽어, 언제 죽을지 모르는데 하고 싶은 거 하고 살아라였다. 이제는 아빠가 무슨 걱정을 하면 딸들이 말한단다.
"아빠 우리 다 죽어. 걱정하지 마."

'아, 이 가족들은 죽음학 수업을 들을 필요가 없겠구나.'

죽음학을 강의하고 있지만 과연 나는 그 가족처럼 잘 살고 있는 걸까 다시 한번 돌아보게 된다.

이별은 후회를 남긴다

✻ ✻ ✻

 며칠 전 가을비가 추적거리던 날, 어느 작가님의 문상을 갔다. 85세셨고 뇌출혈로 쓰러지신지 이틀 만에 돌아가셨다. 장례식장에서 어느 분은 말했다. 슬프지만 병원에서 오래 고생하시지 않고 가신 것은 정말 다행이라고. 맞는 말이긴 하다.
 오후에 톡으로 부고를 보는 순간 그동안 찾아뵙지 못한 죄책감이 밀려왔다. 훌쩍거리며 병원까지 운전을 했다. 오후에 있던 약속은 모두 취소했다. 문상은 밤늦게 가도 되지만 그 상태로 다른 스케줄을 갈 수가 없었다.

 친정아버지는 쓰러지고 6년을 누워 계셨다. 기운이 줄어들고 정신이 촛불처럼 사그라져가는 과정을 보았다. 70대 초반부터 갑자기 그리 되셔서 삶을 정리하지도 못하셨다. 유언 한 마디 남기지 못했다.
 반면 그 작가님은 마지막까지 작품도 정리하고 만나고 싶은 사람들도 부지런히 만나고 주위 사람들에게 틈틈이 유언도 하셨다고 한다. 누구나 타고난 운명이란 것이 있겠지만 부러웠다. 아버지 생각이 나서 더 부러웠고 내 마지막도 그 정도만 되었으면 싶었다.

죽기 전까지 내 힘으로 걸을 수 있고 움직일 수만 있다면 더 바랄 것이 무얼까. 대단한 욕심도 없다.
다시 한번 죽음학의 원칙을 떠올린다.
"누구나 내일 죽을 수도 있다."
오늘이 나의 마지막 날이라면 나는 무엇을 해야 할까? 혼자 정리를 해야 하나. 누구에게 연락을 해야 할 것인가. 해야 할 일들을 미루지 말고 오늘 해야 한다는 사실을 다시 뼈저리게 깨닫는다.
죽음을 생각할수록 오늘이 중요하고 지금 옆에 있는 사람들이 소중하다. 어머니는 치매를 앓고 계시지만 아직 우리를 알아보니 얼마가 남았는지 모르니 자주 찾아가야겠다고 생각하지만 이리저리 밀리고 치여서 쉽지 않다.

얼마 전 여행을 갔다가 우연히 내 수업을 듣고 싶었다던 사람을 만났다. 아버지가 돌아가신 지 한 달이 안 되었고 어머니는 요양원에 계셨다. 어머니 상태가 좋지 않아서 아버지가 돌아가셨다고 말도 못했다고 했다. 아무리 부모님께 잘해도 자식에겐 후회가 남는다.

모든 인간관계에서도 항상 최선을 다하려고 한다. '할 만큼 했다'라고 말할 수 있을 만큼. 헤어져도 후회가 남지 않게 나를 위해서. 그런데 부모자식관계는 내리사랑이란 말이 있듯이 쉽지 않다.

부모님께 잘못한 게 많아서, 못해드린 게 많아서…. 후회는 누구나 할 수 있다. 하지만 당면한 죽음은 받아들여야 한다. 누구나 가는 길이니.

안타까움만 남는다

Y의 아버지는 지역에서 유명한 의사였다. 우리 부모님 세대의 의사들은 지금보다 더 동네에서 존경받는 대상이었다. 사업적인 능력도 있어서 재력도 상당했던 것 같다. 그래서일까. 생전의 그 아버지는 고집 세고 이기적인 면이 많았다. 그 시대 대부분의 남자들이 그랬을지도 모르겠다. 나이가 많아지면서 치매라고 하기에는 인지능력에는 문제가 없는 듯 싶었으나 강한 성격이 더 심해졌다. 기억력은 당연히 떨어지고 폭력적인 면도 가끔 나타났다. 할아버지들은 정신이 멀쩡해 보이지만 폭력적으로 변하는 경우가 가끔 있는데 그것도 치매의 한 증상이라고 한다.

아버지의 독단과 횡포는 아무도 감당할 수가 없었다. 노환으로 입원을 해도 의사 말도 듣지 않았다. 본인이 의사였으니 의학적인 지식으로도 당할 수가 없어서 젊은 의사에게 호통을 치거나, 고집을 부려서 맘대로 퇴원을 하기도 했다. 가족들은 지쳐갔다.

　어느 날, 간단한 심장 시술을 하러 병원에 가셨다가 돌아오지 못하셨다. 아버지가 가슴이 답답하다고 불편을 얘기했지만 의사도 가족도 또 성질을 부리는 것이라 생각하고 세심하게 살펴보지 않았다. 돌아가시고 나서 자식들은 죄책감이 들긴 했지만 한편으로는 다행이다 싶기도 했다. 더 이상 어머니를 괴롭히지도 않고, 형제들에게 폭언을 퍼붓지도 않을 테니까 한숨 돌리는 심정이기도 했다.

　아버지가 돌아가신 지 벌써 5년이 지났다. 몇 년 동안 아버지에 대한 원망은 잊어버린 걸까. Y는 아버지를 생각하면 안타깝고 애처롭다. 돌아가시기 전에 더 적극적으로 대화를 시도하거나 관계 회복을 위해서 무슨 노력이라도 했어야 하는 게 아닌가 후회스럽다. 내 생각엔 그분 성격에 노력한다고 말이 통했을까 의심스럽긴 하지만 딸에게는 아쉬움만 남았다.

　항상 이야기하듯이 있을 때 잘하라는 말이 진리인가 보다. 아버지한테 다하지 못한 것들이 후회로 남아 그녀는 요양병원에 계신 어머니에게 최선을 다하자고 마음먹는다. 멀리 떨어져 있어 자주 가지 못해도 매일 전화를 하고 어머니에게 사랑한다고 말한다. 무뚝뚝한 경상도 스타일 성격에 쉽지 않은 일이었을 게다.

그녀가 어머니에게 전화하는 것을 들으며 나는 나의 엄마 생각을 한다.

'내가 엄마에게 사랑한다고 말한 적이 있던가?'

없다.

'엄마에게서 사랑한다는 말을 들어본 적 있던가.'

그것도 없다.

평생 '엄마가 나를 사랑하긴 하는 걸까' 하는 생각을 하며 살았다. 그럼에도 불구하고 엄마가 돌아가시면 나도 후회하게 될지도 모른다. 살아계실 때, 아니 치매에 걸리기 전에 대화를 했어야 한다고. 내가 왜 서운했는지, 왜 상처받았는지 말이라도 해봤어야 할지도 모른다. 말해봐야 소용없는 사람이라고 굳게 믿고 있지만 가지 않은 길은 절대 알 수 없는 일이니까.

무슨 일이든 그때그때 최선을 다하자고 생각한다. 나중에 후회가 남지 않게. 지나고 나서 '그만하면 되었다' 말할 수 있을 만큼 노력하며 살고 싶다. 일이든 사람 관계든 마찬가지다. 할 만큼 하고 떠나도 미련이 남지 않으면 좋겠는데, 그냥 딸로서의 의무감으로 내 도리만 하고 할 만큼 했다고 위안을 삼는다. 엄마와 나는 이미 늦었다.

**이제 보니
나에게도, 많은 사람들에게도 필요한 것은
죽음 이야기뿐만 아니라 '애도'였다.**

세 번째

나에게는 애도가 필요합니다

나도 애도가 필요했네

※ ※ ※

 사람에 대한 공부를 하면 할수록 사람마다 참 다르구나 하는 것을 느끼게 된다. 지구별에 사는 사람이 79억이 좀 넘는다고 한다면 79억의 다른 성향을 가진 사람들이 존재한다는 것이다. 얼마 전 대선을 보면서도 느꼈다. 사람마다 다른 생각을 가지고 사는데 다들 자기만 옳다고 주장하고 싸운다. 그냥 사람마다 다양한 의견을 갖고 산다는 것을 인정하면 세상이 좀더 조용하지 않을까 하는 생각이 들었다.

 상실과 애도도 마찬가지이다. 사람마다 상실을 마주하는 상황이 모두 다르다. 자신의 상황이나 상태, 나이, 조건, 그리고 고인과의 관계에 따라 모두 다른 절망을 겪고 애도의 방법도 회복해가는 과정도 달라진다.
 상실 당시 내가 몇 살이었는지 정신적으로 건강한 상태였는지. 고인과 가까운 관계였는지, 고인이 어떤 형태로 죽었는지에 따라서도 많이 다르다. 병이나 사고로 인한 죽음과 자살은 또 다르다. 병이라도 투병 기간에 따라서도 다르다.

애도 과정은 어떠하고 어떻게 극복해야 한다는 이론들이 과연 소용이 있을까 싶다. 그래도 상실에는 충분한, 그에 마땅한 애도가 있어야 하는 것은 맞는 것 같다. 연구를 많이 한 학자들의 얘기가 도움이 될까 하여 책을 읽는다. 죽음에 관한 책도 읽고, 애도에 관한 책도 읽는다. 엘리자베스 퀴블러 로스의 〈죽음의 5단계 이론〉이 애도 과정에도 적용된다고 하는 학자도 있지만 내 생각은 다르다. 부정-분노-타협-우울-수용. 물론 그 순서대로 진행되는 것은 아니라고 하지만 애도에는 맞지 않는 것 같다. 내가 시한부가 된다거나 받아들이기 힘든 어떤 사건을 겪을 때는 5단계를 왔다 갔다 하다가 결국 수용으로 가기도 한다. 그러나 소중한 사람의 상실은 결국 수용이 되지 않을 수도 있다.

의사들이 쓴 죽음에 관한 책들은 주로 암환자들이나 시한부 환자들의 사례를 토대로 어떻게 죽음을 받아들여야 하는지 이야기한다. 그런 죽음이 왔을 때 당황하지 않게 삶을 더 잘 살아야 한다고 이야기한다. 나도 인생 리셋 수업을 할 때 '당신의 오늘을 의미 있게 만들어 드립니다'라고 말한다. 그런데 거기에 애도에 관한 내용은 없었다.

그러나 내가 시한부가 되는 것보다 소중한 사람을 떠나보내고 힘들어하는, 애도가 필요한 사람들이 더 많을 것 같다는 생각이 든다. 죽음학에 관한 수업을 하면서 삶과 죽음에만 관심을 갖고 공부를 했다. 그런데 이제 보니 나에게도, 많은 사람들에게도 필요한 것은 죽음 이야기뿐만 아니라 '애도'였다.

죽음을 선택할 수 있을까

※ ※ ※

H에게 가장 많은 영향을 미친 큰 어른은 고모님이었다. 어릴 때부터 우주의 이치를 찾아 고민하고 진리를 터득한 고모는 세상 사람들이 보기에는 너무 큰 어른이었다. 평생을 자신이 원하는 대로 살았고 죽음도 그렇게 결정했다.

H의 아버지는 고모의 막냇동생이라 큰고모를 어머니처럼 생각했다. 어릴 때부터 강단 있고 세상 이치를 아는 듯한 누나에게 의지하고 살았다. 생각해보면 고모도 그때는 어린 여자일 뿐이었는데.

얼마 전 아버지가 코로나 백신 부작용인지 갑자기 폐렴 증상이 악화되어 병원에 입원하게 되었다. 아버지 병환으로 정신이 없던 어느 날 전화를 받았다. 고모가 떠나셨다. 고모는 병원에 가지 않아도 혼자 응급처치를 알아서 할 만큼 당신의 몸 관리에 능숙했던 분이셨다.

그리 강하던 분도 아들 같은 막냇동생이 위독하다는 소식에 적잖이 충격을 받으신 모양이다. 몸에 이상이 생겼는데도 평소처럼 대처를 안 했으니 자살은 아니지만 스스로 죽음을 선택하신 거다. 막냇동생을 앞세울 수는 없었으리라 짐작할 뿐이다. 그리고 곧 아버지가 뒤를 따라가셨다.

H는 한 달여 사이에 시아버지, 고모, 아버지까지 세 번의 장례를 치르게 되었다. 시아버지는 뇌졸중으로 7년 동안 누워 계셔서 가족들도 조금 마음의 준비가 된 것도 같았다. 시어머니는 슬프지만 오래지 않아서 일상으로 돌아온 것 같아 보인다. 고모는 마지막까지 자신의 의지대로 살다 가셨다. 청춘이라고 자부하던 친정아버지는 예상치 못하게 갑작스럽게 돌아가셨다.

백 사람이면 백 가지의 죽음이 있다. 사람이 각자 다르게 태어나듯 세상을 떠나는 것도 모두 다르다. 원하는 방법으로 죽을 수 있는 사람이 몇이나 될까. 그녀의 고모처럼 자신의 죽음을 원하는 순간에 맞이할 수만 있다면 죽음에 대한 두려움이 적을지도 모르겠다.

요즘은 암으로 죽는 것이 축복이라는 말도 있다. 죽음이 축복이라는 말이 이상하지만, 몇 년 혹은 몇 달이라도 남은 삶을 정리할 시간이 있으니 하는 말이다. 병이든 사고든 어느 날 갑자기 준비 없이 떠나게 되는 것이 더 두려운 일이다. 물론 치매로 정신줄 놓고 살게 되는 것도 걱정이긴 하지만. 이런저런 생각을 하다 보면 지금이라도 주변 정리를 해야 하나 싶은 생각도 든다. 내가 죽고 나면 아들이 유품 정리를 하게 될 텐데 그를 위해서라도 미리 해야겠다는 생각이 문득 든다.

영혼이란 것이 있을까

※ ※ ※

가끔 인생 리셋 수업시간에 누군가 질문을 한다.

"사후세계가 있다고 생각하시나요? 윤회가 있을까요?"

나는 그것은 각자의 종교에 따라 차이가 날 수 있으므로 종교에 따라 알아서 생각하시라고 말하곤 한다. 개인적으로는 사후세계에 대해서 경험은 없지만 인간의 영적인 세계에 관심이 많다.

내가 죽음에 관한 이야기를 쓴다고 하면 종교인도 아니고 종교에 대해 모르면서 어떻게 죽음에 대해 글을 쓰냐고 말하는 사람도 있다. 종교인만 죽는다는 것인가.

우리는 태어날 때부터 불공평한 세상에서 살고 있지만 누구에게나 공평한 것이 있다. 바로 모두 죽는다는 사실이다. 돈이 많든 적든, 잘났든 못났든 누구나 죽는다. 하물며 종교가 있든 없든 마찬가지다. 종교인만 죽음에 대해서 논할 자격이 있다는 생각은 어처구니가 없다.

반면 죽음에 대한 글을 쓰고 있다고 하면 영적인 체험을 이야기해주겠다는 메시지를 받기도 한다. 얼마 전 자신의 경험을 이야기해주고 싶다는 분을 만났다. 그분에게서 두 가지 이야기를 들었다.

대학교 일 학년 생일날, 할아버지가 편찮으셔서 아버지는 시골 할아버지 댁으로 내려가시고 어머니가 친구들을 불러서 저녁을 해주었다. 상을 차리다가 감치가 떨어졌다는 어머니 심부름으로 뒷마당 장독대에 김치를 가지러 나간 길에 장독대 위에 어슴푸레 서 계신 할아버지를 보았다. 너무 놀라서 김치를 든 채로 뒷걸음치다 넘어지고 말았다. 놀라서 집으로 뛰어 들어오자마자 아버지한테서 전화가 왔다
"방금 할아버지가 돌아가셨단다."
할어버지가 돌아가시기 일주일 전쯤 우리 집에 들러 내 방에서 함께 주무셨다. 떠날 때는 내 손을 잡고 당부를 하셨다. 친구들과 술 많이 마시지 말고 공부 열심히 하고…. 그것이 할아버지의 마지막 말씀이셨구나 나중에서야 알았다.

1998년 4월 5일은 비가 내렸다. 운동을 하고 집으로 돌아가는 길이었다. 비가 와서 고속도로도 미끄러워 조심스러웠다. 앞차가 갑자기 급정거를 하고 나도 따라 브레이크를 힘껏 밟았다. 그러나 뒤따라오던 버스는 미처 서지 못하고 내 차를 들이박았고 앞으로 앞으로 밀려서 8중 추돌 사고가 났다. 내 차는 앞뒤 차에 끼여서 사람들은 당연히 내가 죽었을 거라고 생각하고 아무도 쳐다보지 않았다. 우리나라 사람들은 시신에 손을 대는 것을 금기시해서 다친 사람들을 우선 도와주었다.

마침 반대편 차선에 지나가던 미군들이 차 사이에 끼여 있는 나를 발견했다. 그들은 고속도로 분리대를 넘어 찌그러진 차 틈으로 나를 꺼냈다. 열 명이 넘는 군인들이 동시에 달려들어 겨우 나를 구출한 것이다. 나는 그 당시 빨강 파랑 줄무늬 운동복 티셔츠를 입고 있었다. 미군들에게는 그 옷이 성조기처럼 보였을지도 모르겠다. 그날 성조기 같은 옷을 입은 것이 운명이었을까? 그 옷이 아니었다면 구출되지 못했을까? 정신 차리라고 깨우는 소리가 들리는 듯했으나 나의 정신과 몸은 지하실로 떨어지듯 쿵쿵 뒤로 빨려 들어가는 느낌이 들었다.

꿈이었을까? 우리가 상상하는 저승사자가 나타났다. 검

정색 도포를 입고 검은 갓을 썼다. 나를 사슬에 묶어 끌어가려 했다. 아무리 버텨도 소용이 없었다. 그들은 키가 장승만큼 크고 힘이 셌다. 질질 끌려 가다 보니 복숭아뼈가 시멘트 바닥에 쓸려서 너무 아팠다. 이렇게 죽는구나 싶은 순간 반대편에서 하얀 빛이 보였다. 할머니였다. 할머니가 나를 붙잡아 끌었고 따뜻하게 안아주었다. 저승사자들은 연기처럼 휘리릭 사라졌다.

꿈에서 깨어보니 사고 후 일주일이 지나 있었다. 온몸에 성한 곳이 있을 리 없었다. 여러 번의 수술을 거쳐 일주일 만에 의식이 돌아온 것이다. 어머니에게 시집살이 시키는 할머니를 좋아하지 않았는데, 죽음의 문턱에서 돌아오고 보니 할머니에 대한 미움이 씻은 듯 사라졌다. 깨어나자마자 할머니에게 말씀드렸다.

"할머니 덕분에 살았습니다. 감사합니다."

물론 '전설의 고향' 같은 귀신 얘기를 하려는 것은 아니다. 우리가 티브이에서나 보던 저승사자가 있다고 말하려는 것도 아니다. 이러한 이야기를 믿든 말든 개인적인 선택이다.

영혼이 있다고 생각하는 사람도 있고, 그런 것은 상상이고 미신이라고 생각할 수도 있다. 다만, 내가 이야기하고 싶은 것은 가족의 사랑이다. 소중한 사람들을 지키기 위해서 그것이 영혼이든 귀신이든, 무의식이든 꿈이든 나타날 수도 있다고 말이다.

   자신의 종교적 신념과 맞지 않아도 세상에는 우리가 설명할 수 없는 초자연적인 현상도 많다. 모든 종교와 믿음을 초월한 한 가지 진리가 있다. 사람은 사랑하는 사람을 위해서 죽음을 무릅쓰기도 한다는 사실이다.

위대한 선물

※ ※ ※

친구가 내 차에 책을 하나 두고 내렸다. 친구에게 전화가 왔다.

"내가 읽고 싶었던 책인데, 네가 먼저 읽고 나중에 줘도 돼."

그러네, 뒷좌석에 책이 하나 있다.

『스베덴보리의 위대한 선물』. 부제는 천재과학자의 천국체험기.

사후세계에 관한 책인가 보다. 죽음에 대한 것이니 반가운 마음에 읽기 시작했다.

어느 종교든 사후세계에 대한 믿음이 있다. 그것이 천국이든, 극락이든 그럴 수도 있다고 생각한다. 사후세계가 존재한다는 믿음으로 죽음에 대한 두려움을 조금 떨쳐버릴 수도 있으니 말이다.

그런데 스베덴보리는 사후세계가 존재한다는 것에서 그치

지 않고, 하늘의 선택으로 우리의 세상과 천상을 마음대로 왔다 갔다 하는 특별한 능력을 갖게 된다. 천국의 모습을 인간에게 전하는 임무를 맡게 된 것이다.

그는 1688년에 태어난 천재 과학자였는데 어느 날 하늘의 부름으로 30년간 지상과 영계를 마음대로 왕래하며 살았다는 것이다. 사후세계의 진실을 알고 나면 죽음의 공포가 사라진다고 한다. 죽음이 마지막이 아니라, 죽음 이후 보다 광명한 세계에서 다시 태어난다는 것을 알게 되면 죽음은 두려움이 아니라 선물이라는 것이다.

내용은 갈수록 기독교적이라 종교가 없는 나는 그리 공감이 가지 않았다. 가끔 임사체험을 하고 사후세계에 대한 묘사를 하는 사람들이 있지만 자유자재로 왕래를 할 수 있다니 그건 믿어지지가 않는다.

천국과 지옥을 설명하는 부분은 영화 〈신과 함께〉에서 그려진 것과 같다. 종교나 문화와 상관없이 기본적인 사후세계에 대한 개념은 비슷하다. 다만 스베덴보리는 영계에 가서 옥황상제 대신 예수님과 12사도를 만난다. 나오는 주인공이 다를 뿐이다.

자신의 능력을 시험하기 위해서 귀족들 앞에서 천상에 있는 사람을 만나고 와서 그 얘기를 전달하기도 한다. 그 부분은 귀신과 대화를 하는 영매가 떠오르기도 한다.

　종교와 상관없이 영적인 사후세계가 있다고 생각할 수도 있고, 나도 가능하다고 생각하지만 겪어보지 않았으니 그게 진실이라고 주장하고 싶지는 않다. 그 선택은 개인의 생각에 맡기기로 한다. 다만 세상에는 과학적으로 증명할 수 없는 인간의 영적인 능력이 존재한다고 생각한다.

마지막 순간

✳ ✳ ✳

나는 특정 종교를 믿지 않는다. 가끔 절에도 가고 성당에도 간다. 죽음의 순간에 종교가 있으면, 아니 믿음이 있으면 사후세계에 대한 공포가 줄어들까? 인생 리셋 수업 시간에 사후세계에 대해서 어떻게 생각하냐는 질문을 받는다. 사후세계가 있고 윤회가 있다고 말을 할 순 없다. 그 문제는 각자의 종교에 따라 생각하시라고 답한다.

M의 어머니는 잠시 천주교 신자였다. 성당을 나가게 되고 세례를 받고 나서 죽음이 두렵지 않다고 말하곤 했다. 눈이 불편해서 병원을 다닐 때도 죽음이 눈앞에 다가와도 두렵지 않다고 말했다. 그러다 막상 임종 전에는 믿음이 없어진 건지 죽음을 무서워했다. 죽음에 대한 공포 때문이었을까. 어머니는 지치고 야윈 모습으로 돌아가셨다.

예전에는 병원 입원실에 찾아와서 찬송가를 부르는 사람들을 보면 시끄럽게 다른 환자들에게 민폐를 끼친다 생각했는데 이제는 이해가 된다. 그렇게라도 해서 누군가 마음이 편해질 수 있다면 참을 수 있다. 종교의 힘이든 조상님들 덕이든 아픈 사람들 마음이 나아진다면 괜찮다.

그녀의 아버지는 항암치료를 하던 중에 의사의 권유로 연명치료의향서에 사인을 했다. 그리고 마지막엔 운 좋게 호스피스 병원에 빈자리가 생겨서 옮기셨다. 호스피스 병원에서 완화치료로 잘 케어 받고 살아 계셨을 때와 다르지 않은 편안한 모습으로 떠날 수 있었다.

호스피스는 환자의 통증 관리뿐 아니라 가족들의 심리적인 부분까지 케어해야 한다. 외국은 우리 나라보다 애도 기간을 길게 용인한다. 호스피스는 남은 가족을 위해서 정기적으로 애도 모임을 하기도 한다. 그러나 장례를 치르고 하루빨리 직장으로 일상으로 돌아가야 하는 것이 어쩔 수 없는 우리 현실이다. 호스피스의 필요성이 많이 알려지고 시설도 확충이 되었으면 좋겠다. 갈수록 수명이 길어지고 노인 인구도 많아지는데 노인을 위한 시설들도 늘어나야 할 것 같다.

나도 60대가 되었다. 이제는 나의 마지막이 어디가 될지, 어떤 모습일지 생각해봐야 할 때가 되었나 보다.

태어나지 않아도 애도가 필요하다

※ ※ ※

 오전에 어느 후배에게서 문자 한 통을 받았다. 그의 동료가 작년부터 두 번의 유산으로 무척 힘들어하고 성격도 예민하게 바뀌어 가는데 어찌해야 할지 모르겠다는 내용이었다. 다음 달에 모임이 있는데 뭐라 말해야 할지, 어떻게 위로해야 할지 모르겠다고 했다.

 사람들은 불편한 상황을 회피하고 싶다. 힘든 사람 하나 때문에 모임의 공기가 어색해지는 것도 싫다. 모른 척할 수도 없고 자세히 물어볼 수도 없다. 뭐라고 말해야 위로가 되는 건지 도무지 어렵다. 나도 마찬가지다. 똑같은 경험을 하지 않고서야 그 마음을 이해한다고 어떻게 말할 수 있단 말인가.

 가까이에 비슷한 경험을 했던 친구가 있어서 불임과 유산이 얼마나 가슴 아픈 일인지 나도 짐작만 할 뿐이다. 남들은 결혼하면 별문제 없이 임신이 되고 아이를 낳았다. 예전에는 다들 그런 줄 알았다. 세상에 불임으로 고생하는 부부들이 그리 많은 줄 몰랐다. 자연히 아이를 갖게 되는 것도 축복이라는 것을 나중에야 알았다.

그녀도 여러 번의 시험관 시술을 시도하고서 결국 포기했다. 그러는 동안 사람들의 말로 받은 상처는 셀 수가 없다. 사람들은 위로하고 싶어서 말한다.

"괜찮아. 다 괜찮아질 거야."

"내가 아는 어느 집도 아이가 없는데 행복하게 잘 살아~ 그냥 편하게 살면 되지 뭐."

심지어는 다른 사람들은 아이 없이도 잘 사는데 너는 왜 그리 유난스럽냐는 투로 이야기하기도 한다. 꼭 사람을 때려야만 폭력이 아니다. 말로 사람을 죽일 수도 있다.

'괜찮아질 거야'라고 너무 쉽게 이야기하지만 아무리 시간이 지나도 괜찮아지지 않는 것도 있다. 그래, 안다. 위로하고 싶은데 어떻게 할지 몰라서 그런다는 것을. 그 마음은 따뜻하고 진심이라는 것을. 그래도 잠시 참아보자. 내가 겪어보지 않은 일을 안다고 생각하지 말자.

태어나지 못한 생명이라도 한순간 세상에 머물다 갔다면

그 아기에게도 애도가 있어야 한다. 아기 얼굴을 보지 못한 엄마에게도 슬퍼할 시간이 필요하다. 빨리 나으라고, 극복하라고 재촉하지 말자. 괜찮아질 거라고 강요하지 말자.

그냥 곁에 있어 주고, 말없이 기다려 주는 편이 낫지 않을까.

물건에도 애도가 필요하다

※ ※ ※

 윤 선생님은 항상 밝고 적극적인 성격이다. 나와는 많이 다른 기질의 소유자라서 부러운 사람이기도 하다. 그렇게 에너지가 넘치는 사람이 지난 몇 달 동안 많이 아팠다. 코로나에 걸렸다고 듣기는 했는데 왜 그리 오래 아팠는지 걱정이 되어 물었다. 코로나 후유증이 그렇게 심했는지.
 코로나 백신을 맞자마자 아프기 시작했는데 며칠 뒤에 보니 확진이 되었다고 했다. 코로나가 다 낫고 나서도 한참 동안 컨디션이 좋지 않았다. 몸만 아픈 게 아니었다.

 생일 선물로 자신에게 선물한 아이팟을 잃어버렸다. 쓰레기 분리수거를 하러 나가면서 반바지 주머니에 넣었는데 집에 들어가 보니 없었다. 자책을 하기 시작했다.
 '쓰레기 버리러 가는데 그걸 왜 가져간 거야. 그걸 왜 주머니에 넣었을까.'

그리고 더 아팠다. 누가 죽기라도 한 것처럼 앓았다. 원래 물건에 대한 애착이 그리 큰 편도 아니었는데 그 아이팟을 잃어버렸다는 사실은 아주 큰 상실감을 남겼다. 다시 살 수 있는 물건이었지만 기분이 나아지지 않았다. 친구들이 다른 모델을 찾아서 보내주며 권했지만 하나도 맘에 들지 않았다. 위로랍시고 하는 말들이 짜증났다. 새로운 아이팟을 사도 맘에 들 것 같지 않은 허전함. 이상했다. 그냥 아이팟인데, 그냥 물건일 뿐인데.

죽음만 상실이 아니다. 아끼던 물건을 잃어버리는 것도 상처가 된다. 어린아이라서 그런 것도 아니다. 어른이 되어도 중년이 되어도 특별한 감정적인 가치가 있는 물건은 잃어버리면 오래 상심하게 된다.

그런데 하물며 사랑하는 사람을 예고 없이 잃게 된다면 그 상처는 단순히 시간이 지난다고 해서 괜찮아지지 않는다. 평생 낫지 않을 수도 있다.

상실을 겪고 있는 사람에게, 비탄에 잠긴 사람에게 누구에게나 있을 수 있는 일이라고 시간이 지나면 다 괜찮아질 거라고 위로하지 말자.

별이 지다

※ ※ ※

어제부터 뉴스와 SNS가 같은 소식으로 도배가 되었다. 배우 강수연의 사망기사였다. 나보다 조금 어리지만 같은 세대의 사람이라고 생각했는데 부고라니 믿어지지 않았다. 기사를 보니 뇌출혈로 쓰러진 채로 일어나지 못했다고 한다.

"우리가 돈이 없지 가오가 없나."

이 한마디가 그녀의 성격을 잘 보여준다. 뇌출혈이 치료되어도 후유증이 남을 수도 있어서 움직이지 못한다면, 침상에서 죽음을 기다리게 된다면, 인간의 마지막 존엄성을 잃고 버티는 것보다 그렇게 가는 편이 그런 성품에 맞았을지도 모르겠다.

우리나라에서 그녀를 모르는 사람은 없을 것이다. 80년대 진정한 '월드 스타'라는 말을 탄생시킨 대배우였으니까. 너나 할 것 없이 그녀를 추억하고 명복을 빈다.

SNS에는 다양한 그녀와의 추억담들이 올라온다. 누구는 초등학교 때 그녀와 수영을 했다고도 하고, 어떤 이는 같이 술을 마신 적이 있다고도 하고. 나도 젊은 시절 식당에서 지나며 그녀를 본 적이 있다. '아, 정말 얼굴이 작다.' 인형처럼 작고 예쁜 얼굴이 오래 기억에 남았다.

영화계의 선후배들도 그녀의 빈자리를 슬퍼하고 추모한다. 한국 영화에서 대체불가한 인물이고 커다란 업적을 남겼다. 1987년 베니스 영화제 주연상을 시작으로 우리나라 영화가 세계 무대에서 인정받는 데 그녀의 역할이 매우 컸다. 얼마나 오랜 시간 지구별에 머물다 갔는지는 중요하지 않다. 그녀는 55년을 살다 갔지만 짧고 굵게 멋진 발자취를 남겼다. 작지만 큰 사람이었다.

유명한 연예인의 죽음은 대중들에게 생각보다 많은 영향을 미친다. 베르테르 효과처럼 유명한 사람이 자살을 하면 사람들이 따라 하기도 하기 때문이다. 북유럽에선 자살 사건은 기사화하지 않고 '자살'이라는 단어를 못 쓰게 했더니 자살률이 많이 줄었다고 한다. 가끔 어린 아이돌이나 젊은 배우들 자살 소식을 보면 가슴이 아프기도 하고 혹시 아이들이 영향을 받지 않을지 불안하기도 하다. 너무 찬란한 나이에 삶을 포기해

버리는 상황이 안타깝기만 하다. 누군가 잠시만 그들의 이야기를 들어줬다면 달라졌을까. 스스로 죽음을 선택하기까지 오래 갈등하고 원망하고 그것을 실행하는 것은 엄청나게 어렵고 두려운 일일 것이다. 그 용기를 다시 한번 살기 위해서 힘을 내게 도와주면 좋겠다. 옆에 있는 사람 누구든 서로에게 관심을 가지고, 애정을 가지고 한번 물어보자.

"잘 지내? 너는 괜찮아?"
"당신은 오늘 평안하신가요?"

엄마 가슴은 멍든다

※ ※ ※

한 엄마가 집에 가는 길. 반포 고속터미널 근처를 걸어가고 있다. 아이쿠. 이유 없이 그 엄마가 앞으로 고꾸라지듯이 넘어진다. 뒤에서 누가 훅 밀었던 것 같다. 집에 가서 보니 결국 가슴 중간에 동그랗게 멍이 들었다.

요즘은 좋은 일이든 나쁜 일이든 문자로 온라인 부고장이나 청첩장이 온다.

작년 가을 카톡카톡 울리는 소리에 핸드폰을 열었다. 친한 선생님 이름으로 문자가 와 있었다. 검정 배경의 부고였다. 80대이신 남편분이 돌아가셨나 생각하며 들여다봤다. 뭔가 이상하다. 이름이 낯이 익다. 눈을 비비고 문자 사이즈를 키워서 보고 또다시 본다. 남편이 아니라 아들이다. 아니, 이게 무슨 일이지. 어쩌다가.

평생 유학 간 아들을 뒷바라지하기 위해서 얼마나 고생했는지 알고 있었기에 더 기가 막혔다. 전화를 해서 무슨 일이냐고 물어볼 수도 없었다. 이 사람 저 사람 무슨 일이냐고 전화하고 묻고 또 물어볼 텐데 나까지 힘들게 하고 싶지 않아서 놀라고 걱정되지만 꾹꾹 참았다. 어떤 사람들은 남의 일에 걱정보다 궁금한 게 앞선다. 전화해서 경위를 캐묻고 위로한다고 하는 것이 진정 도움이 될까.

사람이 겪는 가장 극심한 고통은 자식의 죽음이 아닐까. 그중에도 아무런 징조도 없이 갑자기 일어난 사고는 그야말로 충격 그 자체일 것이다.

그분의 아들은 갑자기 심장에 이상이 생겼다고 한다. 코로나로 인한 후유증일까 의심도 되지만 아무것도 증명할 수 없다. 응급실에 가서 수술 준비를 하는 중에 세상을 떠나버렸다. 당시는 미국도 코로나가 한참 심해서 장례도 제대로 치를 수 없는 시기였다. 화장을 하고 2주일이나 지나야 유가족들에게 전해지고 장례를 치를 수 있었다.

가을비가 장마처럼 세차게 내리던 어느 일요일. 아들은 미국에서 돌아올 수 없지만 엄마는 서울에서 장례식 대신 예배를 드렸다. 목사님이 말씀하셨다. 우리는 모두 죽음으로 달려가는 기차를 타고 있다. 아들은 그 기차에서 조금 먼저 침대칸으로 옮겨 탄 것뿐이라고. 먼저 가서 기다리고 있을 거라고.

그래, 누구나 죽음을 향해 가고 있다. 누가 먼저 갈지는 아무도 모른다. 먼저 간 사람이 기다리고 있는 걸까. 죽으면 그리운 사람을 만날 수 있는 걸까.

라디오를 듣다가 노래 가사 하나가 훅 들어왔다.

"만나는 사람은 줄어들고 그리운 사람은 늘어난다."

애완견은 먼저 가서 천국에서 주인을 기다린다는 말이 있다. 저 세상에 가면 키우던 강아지가 기다리고 있다고, 그리운 사람도 하늘나라에서 만날 수 있겠지.

나중에 알았다. 엄마가 넘어져서 가슴에 멍이 든 그 시각이 미국에서 아들이 숨을 거둔 시간이었다. 2주일이 지나고 장례를 다 치르고 나서야 그 멍이 사라졌다.

엄마의 자리

※ ※ ※

 오빠는 사진을 잘 찍는다. 엄마 집에 올 때도 카메라를 가져와서 같이 사진을 찍기도 했다. 아빠 산소에 가서도 항상 사진을 찍었다. 그 덕분에 스냅 사진이지만 엄마와 셋이 찍은 가족사진 같은 것이 몇 장 남았다. 다시 볼 수 있는 사진이 있어서 다행이다. 요즘 핸드폰 사진첩을 넘기다가 엄마와 함께 찍은 사진이 뜨면 잠시 멍하게 쳐다보기도 한다. 돌아가시고 나면 사진과 함께 추억을 이야기하는 것도 좋은 애도의 방법일 수 있다.

 Y는 오늘 문득 엄마와 사진을 찍어야겠다는 생각이 든다. 어머니는 몸이 약하고 찬바람을 쐬면 안 돼서 외출도 못하고 집에만 계신다. 답답하니 한방요양원에 잠시 다녀오겠다고 해서 모셔다드리고 오는 길이다.
 오는 길에 라디오에서 누군가 엄마가 돌아가시고 나니 사진 한 장이 없어 후회가 된다고 말한다. 그러고 보니 Y도 엄마와 찍은 사진이 없다. 아이들하고는 요즘 유행하는 '인생네컷'도 찍어보고 셀카도 찍지만 엄마와는 그리 살가운 사이가 아니다.

그래도 아이들에게도 할머니를 추억할 수 있는 사진이 있으면 좋지 않을까 싶다. 우리는 핸드폰으로 쉽게 사진을 찍는데 엄마와 같이 사진을 찍을 생각은 하지 않았다.

Y는 엄마와 그리 잘 통하는 사이는 아니지만 외동딸이라 결혼 초부터 오래 엄마를 모시고 살았다. 아이들은 할머니 잔소리를 싫어하지만 막상 할머니가 안 계시면 걱정을 한다. 그래, 올해 추석에는 엄마 사진을 찍어야겠다. 엄마와 둘이 찍기는 어색하니 아이들과 다 함께.

S는 어릴 때 공주처럼 자랐다고 했다. 자상한 엄마 덕분에 부족함 없이. 그런 엄마가 대학 입시를 앞두고 돌아가셨다. 아버지는 엄마를 간병하느라 사업도 돌보지 않았다. 오랫동안 비싼 일인실과 중환자실을 왔다 갔다 하다 보니 살림은 더 어려워졌다. 엄마가 돌아가신 후 방황을 하던 S는 재수를 해서 결국 의대에 합격했다. 아버지는 딸 셋을 위해서는 엄마가 있어야 한다는 생각으로 재혼을 서둘렀다. 재혼한 분한테도

딸이 둘 있어서 아이 다섯을 대학을 보내느라 경제적인 부담이 더 커지고, S는 과외 알바를 하며 동생들 용돈도 보태주며 대학을 다녔다.

엄마의 부재에 힘들고 경제적으로 어렵고, 그녀는 대학 시절이 자신의 인생에서 가장 암울한 시기였다고 말한다. 우울감이 심해서 힘들기도 했다. 그 우울함에서 탈출하고 싶은 기분으로 일찍 결혼을 했다. 결혼하고도 동생들이 결혼할 때까지 작은 집에서 함께 살았다. 언니가 엄마의 자리를 메꿔주어서인지 동생들은 S만큼 힘들어하지 않고 잘 사는 것 같다.

S는 아버지가 자신이 가족과 동생들을 위해서 고생하고 헌신한 것을 알아 주지 않아 섭섭하다. 경상도 남자라 표현을 못하는 것이 아닐까 해서 내가 물었다. 그런 얘기를 아버지한테 해보았는지. 아버지에게 자신이 얼마나 힘들었는지 얘기하고 알아주지 않아서 더 섭섭했다고 말했지만 반응이 헐렁했다.

"그래, 네가 힘들었지."

그게 다였다. 생각보다 별로 고마워하지는 않는 것 같아서 속상했다.

나이가 들고 생각하니 엄마가 돌아가셨을 때 아버지 나이가 지금의 S보다도 어렸으니 아버지도 아내를 잃고 얼마나 힘들었을까 싶다. 그 나이가 되어봐야 이해가 되는 것들이 있다. 엄마가 되어봐야 엄마가 이해가 된다.

S는 딸에게 그냥 응원군이고 싶다. 아이에게 잔소리를 하기보다 지지해주고 좋은 관계를 유지하고 싶다.

누구에게나 엄마가 필요하고 엄마의 자리는 특별하다.

너무 좋은 사람

※ ※ ※

모든 사람에게 다 좋은 사람은 나에게 좋은 사람이 아니다. 세상의 평이 좋은 남자. 능력 있고 잘생기고 남들에게 매너 좋은 그런 남자가 좋은 남편은 아닌 경우가 많다. 가장으로서도 비슷하다.

D의 아버지도 역시 친구도 많고 모두에게 잘 하고 지역사회에 좋은 일을 많이 해서 유명한 분이셨다. 다만 가족들한테 자상한 사람은 아니었나 보다. 이처럼 가장 소중하고 가장 신경 써야 하는 사람들에게 잘 못하는 사람들이 있다.

엄마도 비슷한 면이 있었다. 초등학교 친구 중 하나는 어릴 때 우리 집에 놀러 와서 보았던 엄마의 상냥한 모습이 엄마의 전부라고 생각하기도 했다. 내가 엄마에 대한 불만이나 원망을 얘기하면 네가 잘못된 거다, 너의 엄마는 그런 사람이 아니라고 박박 우겼다. 그 후로 그 친구는 만나지 않기로 했다.

남 앞에서는 음식 덜어주는 자상한 남편. 남들은 부러워한다. 그런 사람 아니라고 말해봐야 나만 나쁜 여자가 되는 기분. 아마 많은 여자들이 공감이 갈 것이다.

얼마 전 D 아버지가 돌아가셨다. 일기장과 함께 많은 글을 남기셨다. 편지도 많이 있고 소설 같은 것도 있다. 글도 잘 쓰신 모양이다. 자식들에게 좋은 추억이 될 수도 있겠다는 생각과 함께 갑자기 내 일기장이 떠오른다. 내 일기장처럼 개인적인 노트는 죽기 전에 직접 정리하고 가야 되지 않을까 싶다. 남이 볼 일이 없다는 가정하에 쓰여진 감정의 쓰레기통이다. 누구에게도 보여주기 싫은 것들이다. 책장에 가득 쌓인 일기장은 가끔 혼자 다시 읽어보는 재미도 있다. 기억이 안 나는 일들 날짜까지 찾을 수 있다. 언제쯤 저것들을 정리해야 할까.

D가 힘들지 않을지 걱정된다. 그는 항상 괜찮다고 하는 성격이다. 아내에게도 자기는 괜찮다고만 한다. 진짜 괜찮을 수도 있고 자신은 그렇게 믿고 있을지도 모른다. 나도 그런 줄 알았으니까. 그런데 자꾸 내 마음을 들여다볼수록 괜찮지 않았다. D가 진짜 괜찮기를 바란다. 자기 마음을 잘 들여다보고 스스로 다독여주면 좋겠다.

상실의 예술적 승화

※ ※ ※

"나는 괴로워하고 싶었을 뿐만 아니라 나의 괴로움의 독자성을 존중하고 싶었다."

-마르셀 푸르스트

상실은 경험해 본 사람만이 알 수 있는 감정이라고 했다.

전혀 예기치 않은 남편의 급작스러운 죽음으로 가족의 의미와 가정의 울타리가 와해되는 시간의 흐름 속에 준비되지 않은 혼자 사는 삶을 지탱할 수 있었던 유일한 방법은 카메라와의 동거였다. 은둔 속에서 고뇌하며 계속 침잠하고 있는 영혼에 한줄기 빛이 되고 의지할 수 있는 유일한 도구이자 동반자다.

부재하는 존재로 인해 존재의 의미와 형태가 바뀐, 견디기 어려운 절단된 현실에서 온전히 혼자인 나를 설득하고 밥을 욱여넣으며 동반자와 행하는 일련의 행위들은 그 아픔, 고통을 외면하지 않고 직시하며 세상을 향해 나아가려는 소리 없는 아우성이다.

때로는 미어지는 가슴으로 식탁 밑에 숨어 들어가거나, 얼이 빠진 채로 숲속을 헤매거나 몸의 무게만큼이나 무거운 소금산을 만들어 숨 쉬기조차 어려운 상황을 만들어 가고 그 안에 누워있는 자신을 발견하기도 한다.
보이되 보이지 않고 말하지만 들리지 않는, 눈을 감았으나 어둡지 않은 그곳, 중심에 있었다.
마음은 비어있고 깃털처럼 가볍게 느껴지는 순간 시공을 넘나들며 피안의 세계에 머문다. 삶과 죽음의 경계에서 지나간 날들의 아름다운 추억. 사라진 5월의 설레던 날들이 흐른다.
흐르는 것. 어찌하지 못하고 흐르는 것들, 붙잡을 수 없는 과거의 시간들, 변형되는 사랑과 퇴색하는 기억의 망각화에 관해 나의 존재와 삶의 의미를 찾아가는 과정을 시각적으로 표현하고자 한다.

〈모놀로그〉라는 제목으로 남편에 대한 애도를 작품으로 표현하고 있는 사진 작가의 작가 노트 일부분이다. 오랜 시간 사진을 공부하고 작품을 발표해 왔지만 상실과 애도를 표현하는 작가님의 예술은 나에게도 깊은 감동과 놀라움을 주었다.

모든 일에 최선을 다하는 완벽주의적인 성격을 짐작했지만 항상 여성스럽고 연약한 모습을 간직한 선배님이었다. 몇 년 전 〈모놀로그 Ⅰ〉 전시를 보고 놀랐다. 작가는 온몸으로 상실을 그려 보여주고 있었다. 사람들에게 자신이 얼마나 외롭고 힘든지 알아달라고 외치는 소리가 들렸다. 그런데 이번 〈모놀로그 Ⅱ〉에서는 상실을 이겨내고 애도를 보여주고 자신의 새로운 정체성을 찾아가는 모습이 보인다.

작가로서 한 단계 발전하는 것은 물론이고 혼자 살아가는 한 인간으로서도 자신을 완성해가는 것 같다. 누군가의 아내이기 이전에 한 여성이고 인간인 작가의 나머지 삶의 여정이 기대되는 전시였다.

우리는 다양한 방법으로 애도를 해나간다. 상실과 비탄을 예술로 승화시켜서 세상에 훌륭한 작품을 남기기도 하고, 누군가는 슬픔 속으로 가라앉아서 삶의 수면 위로 올라오기 힘들어 하기도 한다. 나는 어떻게 애도를 하고 남은 인생을 살아가야 하나.

  작품도 천천히 보고 설명도 들으려고 다시 전시장을 찾았다. 남편의 상실과 비탄을 주제로 작품을 하는 것이 치유에 도움이 되는지 묻고 싶었다. 그것이 그녀의 애도에 도움이 되었는지. 남편과 관계가 얼마나 특별했는지도 궁금했다.

  남편과 8년을 연애하고 그가 혈서까지 쓰고 결혼했다고 한다. 남편이 없는 자리가 너무 커서 항상 그 생각이 나서 작품에 집중하는 동안만큼은 다른 생각을 하지 않아서 그냥 작업을 하는 거라고. 지병이 갑자기 악화되어 돌아가셨는데도 모두 자기 잘못인 듯 죄책감이 든다고 한다. 몇 년이 지났지만 남편이 좋아하던 반찬만 봐도 그냥 눈물이 흐르고, 시간이 지나도 괜찮아질 것 같지 않다고.

  나도 너무 공감이 가서 같이 눈이 빨개졌다. 대화를 이어가기가 힘들었다. 가족을 잃은 상황에서도 정말 괜찮다고 아무렇지 않게 일상을 살아가는 사람들을 보면 더 걱정이 된다. 정말 괜찮은 걸까. 아무리 시간이 지나도 아물지 않는 상처도 있다.

  죽음학 공부를 하고 자연의 이치를 받아들이려고 노력하고 또 해도 괜찮지가 않다. 충분한 시간을 주자. 우리 자신에게 아주 천천히 애도의 시간을 허락하자.

사랑으로 해방되려는 자,
죽음으로 해방되려는 자.
당신의 해방은 무엇인가.

네 번째

죽음은 맞이하는 것입니다

행복한 죽음

❋ ❋ ❋

행복과 죽음은 같이 어울릴 수 없는 단어일지 모른다. 아무리 죽고 싶은 사람도 죽는 것이 행복할 리는 없으니까.

하고 싶은 일을 하다가 죽으면 행복할까. 가끔 에베레스트에서 조난 사고를 당하는 사람들을 본다. 그들은 위험도 감수할 만큼 등산을 사랑하는 이들이니, 그들에게는 산에서 죽음을 맞이하는 것도 행복한 일일까.

익스트림 스포츠를 하는 사람들도 죽을지도 모르는 아슬아슬한 순간을 많이 겪는다. 영상으로 보기만 해도 손에 땀이 나는데 그들은 목숨 걸고 하는 것이 아닌가. 좋아하는 일을 하다가 죽는 것이니 괜찮은 건가. 그렇지만 그들에게도 남은 가족이 있을 것 아닌가. 원망도 슬픔도 남은 사람 몫이다. 나는 내가 사랑하는 사람이 그렇게 위험한 일을 계속하다가 결국 죽게 된다면 원망스러울 것 같다. 나는 애초에 그런 사랑 하지 말아야겠네.

동해 바다에서 혼자 물끄러미 서핑하는 사람들을 보다가, 서퍼가 쓴 책을 보다가 문득 그런 생각이 들었다. 서핑에 미쳐서 일상을 뒤로하고 서퍼의 삶을 사는 사람들이 꽤 있다. 젊은 시절 할 수 있는 매력적인 일이라고 생각한다. 무언가에 미치고 그 길로 뛰어드는 것. 나도 그래봤으면 좋겠다는 상상도 해보지만. 갑자기 그러다 죽으면 행복한 게 아닐까 하는 생각이 들었다.

거꾸로 내가 죽어도 좋다고 생각할 만큼 사랑하는 일은 뭘까. 그렇게 큰 열정을 갖고 뭔가를 해 본 적이 있나. 그런 일을 찾는 것만으로도 행복하겠다는 생각이 든다.

죽는 날까지 한 줄이라도 글을 쓰는 것이 소원이지만 글만 쓰다가 죽고 싶지는 않으니까. 죽기 전에 그런 일을 찾는 것이 먼저 해야 할 일인가. 죽어도 좋다고 할 만큼 사랑하는 일을 찾는 것. 아니면 그렇게 사랑하는 사람을 찾아야 하나. 사랑하다 죽는다면 괜찮을지도 모르겠다.

혼자 죽어도 괜찮을까

※ ※ ※

　가장 좋은 죽음은 무엇일까. 죽음학에서 말하는 좋은 죽음은 익숙한 곳에서 사랑하는 사람들이 지켜보는 데서 죽는 것이라고 정의한다. 그런데 요즘 많은 싱글족들은 누가 임종을 지켜주어야 하나. 평소에 혼자 살다가 죽을 때 친척들에게 둘러싸이는 것도 이상하다. 죽을 때 옆에 누가 있는가보다는 살아 있을 때 고립되지 않는 것이 더 중요하다.

　일본 한 기관 조사를 보면 일인 가구가 가장 생활의 만족도가 높다. 2인 가구가 가장 낮다. 3인, 4인이 되면 만족도가 조금 올라간다. 이런 결과를 보면 알 수 있듯이 혼자 사는 것보다 더 괴로운 것은 맞지 않는 사람과 같이 사는 것이다. 특히 할머니들의 경우는 나이가 들어도 남자들보다 사회적 관계를 잘 유지한다. 평생 케어를 해줘야 하는 남편과 사는 것보다, 혹은 자식들의 눈치를 보는 것보다 혼자 사는 것이 편할지도 모르겠다.

죽음학 수업시간에도 고독사를 걱정하는 사람들이 있다. 주로 혼자 사는 사람들이다. 하지만 가족이 있다고 해서 서로 매 순간 지키고 있는 것은 아니니, 누구나 집에 있다 보면 혼자 임종을 맞이할 가능성이 있다. 요즘은 집보다는 병원에서 임종을 맞는 경우가 대부분이지만 나처럼 집에서 죽기를 희망하는 사람들도 있다. 자식이 있어도 함께 살지 않거나 매일 볼 수는 없다. 그들이 걱정하는 것은 혼자 죽는 것이 아니라 죽고 나서 오래 방치되어 너무 늦게 발견되는 것이다.

혼자 살더라도 네트워크가 필요하다. 서로 매일 안부를 물어주는 사람들이 있으면 좋겠다. 하루 이틀 연락이 안 되면 찾아 가 볼 수 있는 친구가 있으면 좋겠다. 혼자 활동하기 어려운 경우라면 요양 보험이 필요하다. 24시간 함께 있지는 않더라도 하루에 몇 시간씩 집에 찾아오는 돌봄서비스 같은 것들이 있다. 이런 제도가 잘 되어 있으면 나이 들어서 혼자 사는 것도 가능할 것 같다.

나이 들어서 혼자 산다는 것은 젊었을 때와는 스타일이 다르다. 젊을 때는 직장도 다니고 친구들과 취미생활이나 활동적인 삶을 살 수 있다. 나이 들수록 활동 범위가 줄어들고 어디 아프기라도 하면 집안에서 지내는 시간이 많아지고 혼자 보내야 하는 시간도 많아진다. 혼자 무얼하며 잘 지낼 수 있는지 미리 고민해 볼 필요가 있다. 지난번 책에서도 이야기했었지만 운동 범위를 줄이고 집 안에서 행복하게 지내려면 지적인 활동이 더 많이 필요하다. 혼자 책을 읽거나 음악을 듣거나 하는 일은 참 쉬워보여서 사람들은 그냥 하면 되지, 라고 말한다. 그 쉬운 독서와 음악 감상도 그냥 되지는 않는다. 미리 연습이 필요하다. 어떤 책을 읽는 게 좋은지, 내 취향과 맞는지 일찍부터 찾아보고 읽어보아야 알 수 있다. 음악도 마찬가지다.

가족과 같이 살더라도 집 안에서 보내는 시간이 점차 많아지는 것은 비슷할 것이다. 가족들에게 할애하는 시간도 있어 혼자 사는 사람보다는 덜하겠지만 말이다. 함께 살아도 서로 너무 의지하고 갈등이 생기는 것보다는 혼자 있는 시간을 잘 보내는 기술이 점점 더 필요해진다.

일본 사회학자 우에노 지즈코씨는 『집에서 혼자 죽기를 권하다』라는 책을 썼다. 책 안의 통계나 사례들은 일본의 경우라서 우리 나라와는 다른 점이 많다. 그렇지만 근본적인 취지는 같을 것이다. 자기 집에서 혼자 살다가 혼자 죽는 것이 가장 잘 살다가 잘 죽는 방법이라고 말하고 있다. 위에서 말한 것처럼 혼자 사는 것도 괜찮고, 집에서 죽는 것이 좋다는 것에도 백프로 공감한다. 그런데 혼자 죽는 것도 괜찮을지 잘 모르겠다. 물론 임종을 앞두고 갑자기 친척들에게 둘러싸여서 불편하게 마지막을 맞고 싶지는 않지만 마지막 순간에 사랑하는 사람과 함께였으면 좋겠다는 생각이 든다. 아니, 그것도 욕심일 게다. 좀더 지나면 그 욕심도 내려놓게 될지도 모르겠다. 내 집에서 혼자 잘 살다가 잘 죽을 수 있기를 바란다.

가족의 해체

❋ ❋ ❋

우연히 K를 만나고 내 삶을 많이 돌아보게 되었다. "난 참 바보처럼 살았군요~"가 아니라 난 참 이기적으로 살았다. 나이 들며 주변을 조금 돌아보게 되긴 했지만 그건 아주 소심한 자기 만족일 뿐이었다. K는 자신이 부족한 걸 감수하더라도 남에게 나눠주고 베풀며 사는 것이 자기가 원하는 인생이라고 했다.

생일마다 공연을 하거나 모금을 해서 아프리카에 학교도 짓고 우물도 만들었다. 모든 일을 할 때도 동료들을 챙기고 함께했다. 사랑을 많이 받고 자라야 사랑이 많은 사람이 되는 걸까?

K의 어머니는 그가 20대에 간암으로 돌아가셨다. 뒤늦게 암을 발견했을 때 이미 간암 말기여서 수술을 해도 3개월, 안 해도 3개월이라고 선고를 받았다. 다행히 수술이 잘돼서 그

는 대학을 다니며 7년 동안 간병을 했다. 학비를 벌어가며 공부를 해야 했는데 간병을 하느라 중간에 학교를 쉬기도 했다.

20대에 어머니가 돌아가신 것도 너무 큰 상실이었지만 그보다 더 큰 문제는 어머니가 돌아가신 후 가족의 중심이 없어져 버린 것이다. 거친 남자들 사이에서 구심점 역할을 해주던 어머니 자리가 비어버리자 가족들은 서로 삐거덕거리고 부딪치기 시작했다.

그러다 오빠의 폭력으로 K는 집을 나와 독립을 하게 되었다. 아버지도 그 사실을 알았지만 아무런 도움이 되지 않았다. 그는 어머니와 함께 가족도 잃어버렸다.

그 후로 20년 가까이 지난 요즘 K는 아버지에게 메시지를 보내려 한다. 매일매일 아버지와 다시 소통을 할 수 있을까 고민한다. 그때 왜 그랬는지, 20년 전에 자기가 오빠한테 맞을 때 아버지는 왜 모른 척했는지 알고 싶다. 더 늦기 전에 아버지와 대화하고 서로 이해할 수 있을까?

나는 다른 사람을 다 이해할 수 있을 거라 생각하지는 않는다. 다만 아버지도 아내를 잃고 힘들었을 테니 그도 그럴 수밖에 없는 사정이 있었을까. 말이라도 해준다면 이해는 못해도 서로의 상처를 받아들일 수는 있지 않을까.

아버지가 건강해야 싸움이라도 해 볼 수 있다. 싸우더라도 이해하려고 노력은 해보려 하니 좋은 일이다. 딸의 마음에 아버지가 고마워한다면 좋으련만.

사람 마음은 제각각이다. 어느 집은 자식들이 삐딱해서 문제고, 어떤 집은 거꾸로 부모가 자식 속을 썩이기도 한다. 어느 한쪽이 노력한다고 다 해결이 되지도 않겠지만 시도는 해보았으면 좋겠다. 죽기 전에, 후회하기 전에.

누구를 위한 약속일까

※ ※ ※

A 할아버지는 상처를 하고 동네 중매쟁이의 소개로 B 할머니를 만나게 된다. 중매쟁이는 서로의 나이나 학력에 맞춰 소개를 해주었다. 양쪽에 자식들이 있으니 결혼은 하지 않고 계약관계로 함께 살게 된 것이다. 누구든 한쪽이 죽으면 모든 관계는 끝이 나고 재산 문제는 서로 관여하지 않는 게 계약 조건이다. 실제로 재혼을 하면 마지막에 재산 문제로 싸우는 집을 어렵지 않게 본다. 남자가 먼저 죽는 경우에 더 어렵다. 남편 재산 때문에 재혼한 부인과 자식들이 법정까지 가는 경우가 많다.

10년 정도 함께 살다가 할아버지가 중병으로 병원에 입원하게 되었다. 할머니가 당연히 간병을 하려 하자 자식들은 계약이 끝났다고 막는다. 할아버지도 할머니가 와주길 바라지만 자식은 허락하지 않는다.

아무리 돈 앞에서 무서워질 수 있는 것이 사람이라지만 너무 불행한 일이다. 혼인신고를 하지 않더라도 10년을 살았으면 사실혼도 인정될 수 있는데 부모의 인간관계를 자식들이 마음대로 할 수 있다는 게 이해가 되지 않는다.

할아버지가 자신의 노후를 직접 결정할 수 있는 힘을 가졌다면 달랐을까? 그 힘이라는 것은 어떻게 생기는 걸까. 평생 자신보다 자식들을 위해서 살았기 때문일까. 나의 노후, 죽음까지 무조건 자식에게 맡기면 안 되는 것 같다. 부모가 늙으면 자식에게 의지하는 것이 당연하지만 그 삶을 결정하는 것은 본인의 의지대로 할 수 있어야 한다.

고용관계도 아닌데 남녀관계를 계약으로 규정짓는 것은 적절하지 않은 것 같다. 할리우드에서는 재산 분쟁을 대비해서 혼전계약서를 쓴다고 하지만 말이다. 부모의 재산을 지키겠다고 부모를 더 외롭게 하고 고통을 주는 일은 일어나지 않았으면 좋겠다.

노인들이 모이면 자연히 노후 문제를 꺼내게 되고 자식들에게 부담주기 싫어서 스스로 요양시설에 가겠다고 한다. 꼭 그래야 할까. 나는 마지막까지 내 집에서 살고 싶다. 나의 욕심인 걸까. 일본 작가가 '재택사'라는 용어를 만들었다. 재택사.

　나는 엄마가 응급실이 아닌 따뜻한 집에서 임종하시길 바랐다. 다행히 그 바람대로 집에서 편히 마지막을 보내셨다. 물론 병원 치료가 필요하면 입원을 하게 되겠지만 혼자 생활이 어느 정도 가능하다면 집에서 지내는 것이 노인들의 심신의 안정에 가장 좋다고 생각한다. 우리 아빠처럼 엄마처럼 나도 집에서 마지막을 맞이하길 바란다.

노후의 남녀 차이

✽ ✽ ✽

지난겨울, 코로나가 아주 극성을 부리던 시절. W의 할아버지는 지병으로 입원을 하셨다가 며칠 만에 갑자기 돌아가셨다. 입원 후에 코로나 확진 판정이 나와서 격리되고 가족들은 임종도 함께 못하고 유리문 밖에서 안타깝게 돌아가시는 것을 지켜봐야만 했다. 지병이 악화된 것인지 코로나 때문에 돌아가신 건지 알려주지도 않았다. 장례도 바로 치를 수 없고 병원에서 일단 화장한 다음에야 가능했다.

할아버지가 돌아가신 후 할머니는 운동을 하기 시작했다. 매일 요가를 하러 다니더니 더 건강하고 밝아졌다. 사람들이 할머니를 보고 하나같이 말했다.

"아니, 할아버지가 안 계시니 얼굴이 더 좋아졌네."

"아냐 아냐, 내가 요즘 요가를 다녀서 그래."

할머니는 요가 때문이라고 극구 우기셨지만 어쨌든 얼굴도 좋아지고 건강해졌다. 동네 할머니들을 집으로 불러서 함께

동영상을 틀어놓고 모닝요가도 하신단다.

W의 할머니 이야기를 듣다가 요즘 유행하는 농담이 생각났다. 나이 든 남자들에게 필요한 다섯 가지는 아내, 부인, 집사람, 마누라, 와이프란다. 자신을 돌봐줄 여자가 필요하다는 것이다. 반면 여자들은 그렇지 않다. 남편을 잃은 할머니들은 더 건강해진다. 남편 시중들 필요 없고 자기만 챙기면 되니까 눈치 볼 필요도 없고 시간적, 정신적으로 더 여유로워진다. 혼자 사는 할아버지가 짠해지는 순간이다.

요즘은 사회적으로도 고독사가 문제가 되기도 한다. 혼자 사는 인구가 갈수록 늘어난다. 미래에는 혼자 죽는 것이 대수로운 일이 아닐지도 모르겠다. 혼자 사는 사람들을 위한 서비스나 앱이 개발되어야 할 것이다. 특히 혼자 사는 남자들에게 사회적 네트워크가 더 필요할 것 같다. 가족이 아니라도 서로 안부를 챙겨줄 수 있는 사회적 제도도 필요하다.

여자들의 후회

※ ※ ※

 P선생님의 SNS를 볼 때마다 존경스러운 마음이 들곤 했다. 남편의 생일상, 시어머니를 위한 음식을 차려 놓은 것을 볼 때마다 입이 떡 벌어졌다. 자기 일만 하기도 바쁜데 요리사처럼 엄청난 요리상을 차려 낸다.
 젊을 때부터 엄한 남편과 시어머니 뜻에 따라 살림과 육아를 완벽하게 해야 했다. 바깥일을 해도 집에 소홀해서는 안 되었다. 아무리 아파도 며느리 역할은 쉴 수가 없었다. 신종플루에 걸려서 일어날 수 없는 지경인데도 제삿날이 되면 강한 진통제를 먹고 버티며 제사상을 차려야 했다. 시어머니는 며느리가 아픈 내색을 하면 싫어했다. 요즘 세상에도 그런 집이 있을까 싶지만 선생님은 수십 년을 참고 집안일을 완벽하게 했다. 완벽주의 성격이 있는지도 모르지만 그런 어려움 속에서도 자기 일을 놓지 않고 그 분야에서도 훌륭하게 성공했다는 것이 놀라웠다.

그런데 그 선생님에게 가장 후회스럽고 아픈 것이 하나 있다. 평생 시어머니 생신상을 그리 차렸지만 정작 사랑하는 친정 엄마께는 하지 못한 것이다. 시집살이 하느라 친정엄마는 잘 못 챙기고 살았다. 이제 나이 들고 생활에 여유도 좀 생기고 엄마에게도 잘해드리고 싶은데 부모님은 돌아가시고 안 계신다.

몇 년 전 엄마가 돌아가시고 그런 후회가 더해져서 오래오래 아팠다. 어릴 때부터 부모님께 사랑을 듬뿍 받고 자라서 선생님도 사랑이 많은 사람이 되었는데, 정작 부모님께는 그 사랑을 갚지 못했다.

P선생님만의 이야기는 아니다. 『82년생 김지영』에도 나오는 것처럼 아직도 명절에는 시댁 가서 일하느라 친정에 못 가는 여자들이 많다. 여자들의 인권이 향상되어 여자들 입김이 너무 세다고 말하지만 아직도 결혼 생활은 남편 중심으로 돌아가는 경우가 더 많고 친정보다는 시댁이 우선이다. 집집마다 다른 상황과 사정이 있으니 무엇이 옳고 무엇이 틀렸다라고 말할 수는 없다. 다만 여자들도 가슴 아픈 후회는 남지 않았으면 좋겠다.

자기 앞의 생

※ ※ ※

 얼마 전 에밀 아자르(본명: 로맹 가리)의 『자기 앞의 생』이 영화화되어 넷플릭스에서 개봉을 했다. 오랜만에 보는 소피아 로렌의 모습이 인상적이었다. 마담 로사는 매춘부들의 아이들을 돌봐주며 살아간다. 그녀도 전직 매춘부였다. 또한 아우슈비츠의 악몽에 시달리고 있다.

 그러다 우연히 길에서 자신의 물건을 훔치는 모모를 만나게 되고 담당의사의 부탁으로 모모를 돌보게 된다. 영화는 마담 로사와 모모가 서로 싸우며 적응하며 이해하게 되고 끝에는 서로를 믿고 돌보는 과정을 아름답게 그려간다.

 아우슈비츠의 트라우마를 가진 마담 로사는 병이 들어도 병원에 가기를 거부하고 모모는 그녀의 부탁대로 병원에서 그녀를 탈출시킨다. 그리고 그녀가 좋아하는 지하실 방에서 그녀가 편안하게 마지막을 맞을 수 있게 도와준다. 마담 로사는 모모에게 착한 아이라고 말해주며 편안하게 눈을 감는다.

소피아 로렌과 이브라히마 계예의 연기도 감동적이었지만 작은 아이의 힘으로도 그녀의 임종을 원하는 대로 지켜줄 수 있다는 것도 놀라웠다. 현대 의료 기술이 모든 이에게 최선일지 다시 생각해 보게 된다.

요즘은 연명치료 거부에 사인을 할 수도 있다. 말기 암 환자인 할머니가 병원에서 남은 생을 보내는 대신 세계 여행을 떠나서 의사들이 예측한 시간보다 훨씬 더 오래 살았던 일도 기사에서 봤다. 내가 살 날이 얼마 안 남았다면 나는 어떤 선택을 할 수 있을까. 어차피 치료해도 가망이 없다면 그 할머니처럼 멋지게 떠날 수 있을까. 마지막까지 작은 희망이라도 붙잡고 싶을지도 모를 일이다.

마지막 순간이 왔을 때 스스로 원하는 선택을 내릴 수 있도록, 그때 내게 맑은 정신이 존재하기를 바랄 뿐이다.

보고 싶은 것만 보인다

✳ ✳ ✳

사람들은 누구나 자기만의 사연과 상실을 가지고 산다.

작고 평화로운 산골 마을 사람들은 서로 무슨 일이 있는지 알고 도와주며 살아간다. 마을 사람들을 모두 가족이라고 여긴다.

어느 할머니는 남편이 세상을 떠난 지 10년이 지났어도 그가 없는 허전함을 매일매일 느끼고 힘들어 한다. 몇 달 전 남편을 잃고, 남편이 죽은 후 임신 사실을 알게 된 아줌마는 아이를 버릴 생각까지 하게 된다. 주인공인 간호사는 아기를 사산하고 남편을 차 사고로 보내고 시골 마을로 이사를 하게 된다. 친구를 잃고 그를 애도하기 위해 방법을 찾는 이야기도 나온다. 친구를 기억할 수 있는 장소를 만들어서 거기에서 추억을 떠올리며 위로를 받는 것이다. 좋은 방법인 것 같다. 무조건 잊어버리려고 애쓰는 것보다 천천히 애도를 하는 것이 좋았다.

여기까지 이야기하면 무슨 얘기인지 아는 사람도 있을 것이다. 요즘 많이 보는 넷플릭스의 〈버진리버〉라는 드라마 스토리 일부이다.

그런데 재미있는 것은 같은 드라마를 봐도 사람마다 보이는 것은 다르다는 것이다. 나는 보는 내내 사람들의 상실과 아픔, 그것을 극복해 가는 과정들이 보였다.
"아, 그런 것이 있었구나. 나는 남녀 사이의 러브 스토리만 있는 줄 알았는데."
나에게는 상실과 애도가 보이고 친구에게는 사랑과 연애만 보인 듯하다. 그 친구가 나한테 말한다. 죽음학 공부도 이제 그만하고 죽음에 대해 연구하는 것도 좀 쉬라고. 엄마의 장례식 이후 우울증에 빠진 듯한 나를 걱정하는 말이다. 엄마가 안 계시다고 그리 가슴 아프거나 힘들 거라고 생각하지 않았다. 어릴 때부터 엄마에게서 돌봄을 잘 받지 못해서 내가 힘들 때도 엄마 생각이 난 적이 없었다.

그럼에도 불구하고 엄마가 떠난 이후 우울감과 무기력증에 빠졌다. 얼마 전 49재가 지났다. 그날도 비가 엄청나게 쏟아져서 산소에 음식도 못 차리고 술만 한잔 따르고 돌아왔다. 발인날도, 49재 날도 퍼붓는 비를 보며 엄마 성격인가 싶기도 하다.

친구는 즐거운 일을 좀 해보라고 자꾸 불러내곤 하는데, 그냥 우울하면 우울한 대로 한동안 두어보려 한다. 억지로 벗어나려 하는 것이 더 힘들다. 요즘 말로 텐션이 바닥까지 떨어져서 무얼 해도 흥이 나지 않는 상태. 언제까지 이러할지 나도 모른다.

더 이상 보이지 않는다

※ ※ ※

"그리고 더는 보이지 않는다.
아버지가 없는 삶, 그건 어둠일 것이다. 그리고 침묵일 것이다."

엠마뉘엘 베르네임의 『다 잘된 거야』라는 자전 소설의 구절이다.

한여름 어느 카페에서 이 책을 읽고 있다가 '아버지가 없는 삶'이라는 구절에서 눈물이 핑 돈다. 평생 한 번도 엄마가 보고 싶다고 생각한 적이 없다. 대학을 졸업하자마자 엄마가 시키는대로 결혼을 하고 결혼식 3일 만에 미국으로 갔다. 낯선 남자와 낯선 곳에 버려진 느낌이 들 때도 엄마가 생각나진 않았다. 그런데 책을 보다 갑자기 이제 엄마가 이 세상에 없다는 실감이 난다. 돌아가시기 전 집에 누워 계시던 모습이 생각나서 이제 그 모습도 볼 수 없다는 것을 새삼 깨닫는다.

눈물이 흐르기 전에 카페 테이블을 정리하고 나와 얼른 차에 탔다. 내가 편하게 울 수 있는 곳은 차 안이다. 아무것에도 신경 쓰지 않고 혼자가 되는 공간. 20분 정도 운전을 하며 실컷 울었다. 마음이 조금 진정이 된다.

봉정사라는 절에 도착했다. 나는 무교지만 엄마는 불교 신자였다. 어릴 때는 엄마를 따라서 절에 자주 가곤 했다. 요즘도 절에 가면 조용해서 마음이 편하다. 봉정사 대웅전에 가서 절을 하고 엄마에게 인사를 한 셈 친다.

2005년 돌아가신 아빠는 여전히 항상 보고 싶다. 아빠가 살아 계셨으면 싶다. 너무 일찍 돌아가셔서 그럴 수도 있고 아빠를 더 좋아해서 그럴지도 모르겠다. 엄마가 없어서 아쉬운 적이 없었으니까, 슬프지만 아빠 때처럼 힘들 거라고 생각하지 않았다.

엠마뉘엘 베르네임은 아버지가 뇌출혈로 거동을 못하게 되자 어버지의 바람대로 안락사를 돕는다.

아버지는 나를 빤히 쳐다보고 있었다.
"끝내게 네가 나를 도와주면 좋겠다."

나는 얼어붙었다.

병상에 누운 아버지의 마지막 명령이자 부탁이다. 프랑스에서는 안락사가 불법이다. 결국 스위스에 있는 안락사 지원 단체를 알아보고 몇 달에 걸쳐 준비를 한다. 마지막 스위스로 떠나기로 한 날 프랑스 경찰에게 소환된다. 누군가 경찰에 신고를 한 것이다. 경찰을 피해서 첩보 작전을 하듯이 아버지는 앰뷸런스를 타고 스위스로 혼자 떠나게 되고 저자는 법적인 문제로 프랑스를 떠날 수 없게 된다. 마지막 장에서 스위스 단체 담당자에게서 전화를 받는다. 아버지는 편하게 잘 떠나셨다고. 그렇게 소설은 끝이 난다.

훌쩍이며 눈물 콧물 닦으며 책을 읽고 나니 머리가 띵하다. 엄마가 돌아가신 지 한 달도 되지 않아서 지나치게 감정이입이 됐다.

낙천적이고 활동적인 작가의 아버지는 뇌출혈로 언어장애와 활동장애가 오자 더 이상 생명을 연장하는 게 의미가 없다고 느낀다. 적극적으로 자신의 죽음을 선택한 것이다. 그 생각에도 공감이 가지만 남은 사람들의 아픔도 절절하게 함께 느껴진다. 남의 일 같지 않다.

나라면 어떨까? 나를 위한 선택이 아들에게 힘든 일이 된다면 나는 어떤 결정을 내릴 수 있을까. 연명치료는 하지 않기로 합의가 되어 있지만 세월이 지나 존엄사의 허용 범위가 넓어져서 내 의지로 죽음을 선택할 수 있는 상황이 된다면 아들도 과연 동의해 줄지 한번 얘기해 봐야겠다. 미리 충분한 논의가 필요한 일이다.

죽음은 하나의 해방이다

※ ※ ※

얼마 전 〈나의 해방일지〉라는 드라마가 화제 속에 아쉬움을 남긴 채 끝났다. 이제는 주말에 뭘 보나 하는 사람들이 있다. '구씨 신드롬'을 만든 그 배우는 인생의 봄날을 만난 것 같다.

누가 주인공이랄 것도 없이 모든 등장 인물들이 개성 있고 매력이 있다. 매일 투덜거리지만 너무 열심히 사는 삼 남매. 무뚝뚝하지만 성실한 아버지. 그들을 위해 하루 세끼를 충실하게 챙기는 어머니. 티격태격하지만 서로 챙기는 따뜻한 가족.

어머니는 농사, 집안일을 혼자 도맡아 한다. 사고로 몸이 아파도 집에 돌아오자마자 쌀을 씻으며 이런 상황에도 나는 밥을 해야 하냐며 푸념을 하면서도 또 밥을 한다. 유난히 온 가족이 밥을 먹는 장면이 많다. 그러던 어느 날, 어머니는 밥을 안치고 잠시 쉬러 방에 들어갔다. 아들 창희가 부른다.

"엄마, 밥 다 된 것 같아. 엄마, 엄마."

답이 없다. 일어나지 않는다. 다시는 일어나지 않았다.

방송 후에 많은 기사와 댓글이 있었다. 어머니는 드디어 해방되었다고. 왜 죽음으로 해방되었어야 했을까. 여자라서? 아내라서, 엄마라서 그런 식으로 해방될 수밖에 없었던 걸까. 답답하고 슬펐다.

손에 많은 것을 움켜쥐고 놓을 수 없는 사람은 죽을 수 없다. 죽음은 그에게 형벌일지도 모른다. 그러나 매일 버티고 하루하루 힘들게 채우는 우리들은 죽음이 해방일지도 모르겠다. 나도 몇 년 전 너무 절망스러울 때, 죽으면 이런 고통이 다 사라질까 생각해 본 적이 있다. 그렇다고 죽고 싶다는 것은 아니다. 나는 자살 반대주의자이다. 물론 동생의 자살 이후 더욱 그 생각이 강해졌다. 죽는다고 문제가 해결되지 않고 남은 사람들에게 얼마나 큰 상처와 죄책감을 남기는지 겪어 봐서 안다. 영원히 옅어지지 않는 상흔.

사랑으로 해방되려는 자, 죽음으로 해방되려는 자. 당신의 해방은 무엇인가.

마지막엔 창희가 우연히 실수로 들어간 교실에서 장례지도사 수업을 듣게 된다. 결국 죽음이 해방이라는 것을 암시하고 싶었을까.

예상되는 이별

❋ ❋ ❋

 몇 년 전에 이사를 하면서 뒷마당에서 키우던 애완견 두 마리를 다른 집으로 보냈다. 꽤 덩치가 큰 아이들이라 새집에서는 함께 살 수가 없었다. 강아지를 몇 번 키워 본 적은 있었지만 내 손으로 장례를 치르고 묻어 본 경험은 없다. 옛날에 온 가족이 애지중지 예뻐하던 몰티즈는 현관문이 잠시 열린 틈으로 가출을 해서 잃어버렸다. 동네방네 현상금까지 걸고 열심히 찾았지만 찾지 못했다. 너무 얌전하고 예쁜 아이라 누군가 데려가서 잘 키울 거라고 생각하고 포기했다.

 강아지는 사람보다 수명이 짧다. 애완견을 키우면 언젠가는 나보다 애완견이 먼저 떠날 것을 예상하게 된다. 유난히 개를 사랑하는 사람들은 먼저 간 개를 화장해서 재를 담아 두기도 하고 털을 조금 보관하기도 한다. 그들에겐 자식이 죽은 것이나 마찬가지이다. 요즘은 펫로스-pet loss-가 죽음학의

한 분야로 연구되기도 한다. 핵가족이 되면서 가족 내에서 애완견이 차지하는 비중이 더 커졌다.

 양평에 사는 지인의 집에는 대형견이 항상 열 마리 이상 함께 산다. 집 안에는 고양이도 살고 지나가다 따라오는 강아지를 데려오기도 한다. 그렇게 살다 보니 수명을 다하고 떠나는 개들도 생기고 그들은 하나씩 뒷마당에 묻히게 되었다. 법적으로는 동물은 땅에 묻으면 안 되고 화장하거나 쓰레기봉투에 넣어 처리해야 한다고 들었지만 동물 장례를 치러주는 업체들도 많지 않고 비용도 생각보다 아주 비싸다. 가족처럼 여기고 함께 살던 애완동물을 쓰레기로 분류한다는 것이 개를 키우는 사람이 아니라도 받아들이기 쉽지 않다. 내 가족을 쓰레기봉투에 넣으라니. 현실과 맞지 않는 법률도 하루빨리 고쳐져야 하지 않나 싶다.

 주변에도 사람보다 강아지를 더 좋아하는 게 아닐까 싶은 친구들이 있다. 옛날에는 나도 '개는 개답게' 키워야 한다고 심플하게 생각했었다. 외동인 아들 때문에 집에서 강아지를 키우기도 하고 개를 유난히 좋아하는 친구들을 보니 요즘은 단순히 개가 아니라 개를 자식같이 여기는 것도 이해가 간다.

마리 엄마는 옛날에 키우던 마리에게 항상 미안하다. 지금 키우는 개의 이름도 마리라고 지었다. 예전 마리에게 못해 준 것들이 미안해서 지금 마리에게 더 잘해주고 잘 가르친다. 마리는 유난히 똑똑해서 가르치는 것은 하루면 습득하고 잘 따라한다. 〈동물농장〉이나 〈세상에 이런 일이〉에 나가야 하는 게 아닐까 싶을 정도로 묘기가 많다. 사람 말도 다 알아듣고 끄덕이기도 하고 의사 표현도 정확하게 하는데 아직도 말을 못 한다는 게 이상할 정도다.

마리는 천둥 번개를 유난히 무서워한다. 심장이 약해서 그럴 수도 있단다. 나이가 들면 심장이 약해져서 죽을 수도 있다고. 마리 엄마는 지금부터 걱정이다. 마리가 아프거나 일찍 죽을까 봐. 어쩔 수 없이 주인보다는 먼저 떠나게 될 터이니. 나는 그 말을 듣고 세상에 걱정할 게 그렇게 없냐고 구박했지만, 생각해보니 미안하다. 부모가 아픈 자식 걱정하는 마음일 텐데 말이다.

애완동물이 주인보다 먼저 떠나는 것은 어쩔 수 없는 자연의 이치이니 항상 마음의 준비를 해야 하나 보다. '있을 때 잘해'라는 말은 애완견에게도 해당되는 진리이다.

부모님한테만이 아니라 집에 있는 강아지한테도 있을 때 잘하자.

죽기 적당한 때

※ ※ ※

 어느 드라마에서 배우들이 얘기한다. 사람이 죽기 적당한 때는 언제일까. 여든 살 정도? 주인공의 할아버지는 노인들 보면 저렇게 오래 살면 안 된다고 하다가 본인이 여든이 되자 다섯 살씩 늘어나서 아흔이 됐고 그때도 죽기에는 적당하지 않다고 했다.
 미래에 시스템이 생겨서 사람들이 모두 백 살까지 살고 같이 사라지면 어떨까. 그래, 그것도 좋은 생각이네. 그러자 한 명은 아흔아홉 살에 반란을 일으킨다고 하고, 다른 친구는 산으로 도망가겠다고 한다.
 결국 죽기에 적당한 때는 없나 보다. 항상 무엇엔가 미련이 남고 후회가 남는다. 미련 없이 죽음이 언제 오든 잘 받아들이자고 죽음학 공부를 하고, 죽자고 살지만 결국 죽기에 좋은 때란 없는 거다.

그래도 누구에게나 어김없이 예고 없이 죽음은 찾아온다. 『내가 함께 있을게』라는 동화책에는 오리를 따라다니는 죽음이 나온다. 오리는 죽음과 친구가 된다. 오리가 쓸쓸하지 않게 세상을 떠날 수 있도록 죽음이 지켜주고 보내준다. 우리도 죽음과 친구가 되어볼까. 친구야, 나에게 오기 전에 한 달이라도 미리 연락해주면 안 되겠니? 예고 없이 죽음을 맞는 사고가 많다 보니 어떤 사람들은 암이 행운이라고도 한다. 몇 년 혹은 몇 달이라도 죽음을 예상하고 준비할 수 있다고 말이다. 환자한테는 잔인한 일이겠지만 오죽하면 그런 말이 나왔을지 답답하기만 하다.

지난 2년 동안 코로나로 혹은 코로나 백신 후유증으로도 안타까운 죽음을 많이 겪었다. 죽음이란 것이 아주 멀리 있는 남의 일이라고 생각했었는데 팬데믹으로 그 환상이 깨져버렸다.

그렇다고 죽음이 오지 않는다면 우리 삶의 가치가 지금보다 가벼울지도 모르겠다. 끝이 없으면, 인생이 유한하지 않다면 이렇게 매일 아등바등 고민하며 살 필요가 없지 않았을까. 하고 싶은 일 나중에도 할 수 있다면 말이다. 허나 지금 할 수

있는 일은 지금 해야 한다. 내일은 오지 않을 수도 있다. 오늘은 무엇을 하고 싶은가. 일단 햇살이 찬란한 밖으로 나가자. 어릴 때처럼 집 앞에서 소리치고 싶다.

"친구야~~ 노올자~~~"

그린 마일

※ ※ ※

 우리는 영화를 통해서 많은 간접 경험을 한다. 군대를 가보지 않아도 군대 생활이 어떤지 상상하고 죄를 짓고 감옥에 가보지 않아도 그 안이 어떻게 생겼는지 그려 볼 수도 있다. 수많은 드라마와 영화 덕분이다. 실제와는 다른 그림일 수도 있지만 직접 겪어보지 못한 일을 책이나 영화로 보고 짐작이라도 할 수 있다.

 오래전에 〈그린 마일〉이라는 영화를 보았다. 영화는 플래시백 형태의 구조로 이야기를 전개하고 톰 행크스는 폴 에지콤, 마이클 클라크 덩컨은 존 커피 역을 맡아 미국 대공황 기간에 사형수들의 교도관이었던 당시 폴 에지콤이 목격한 초자연적 사건들의 이야기를 다루고 있다.

 1935년 대공황기 미국 남부 루이지애나의 콜드 마운틴 교도소에서 사형수 감방의 교도관으로 일하고 있는 폴. '그린 마일'이라 불리는 녹색 복도를 지나 사형수들을 전기 의자가 놓여 있는 사형 집행장까지 안내하는 일이 그의 일이다. 존 커피는 죄명과 달리 순진할 뿐만 아니라 초자연적인 능력까지 갖고 있는데, 그의 그 능력은 주로 병을 치유하거나 죽은 생명을 살리는 비범한 능력이었다. 폴은 존 커피의 결백을 믿지만, 이를 증명할 방법이 없어 슬퍼한다. 결국 사형은 예정대로 집행되고 그는 아무 저항 없이 전기의자에 오른다.

감동적인 얘기지만 내게 가장 인상적으로 남았던 장면은 줄거리와는 상관없는 것이다. 사형수들에게 죽기 전 원하는 음식이 마지막 만찬으로 제공된다는 사실이었다. 마지막 만찬. 인생 리셋 수업시간에 죽기 전에 마지막으로 먹고 싶은 음식이 무엇인지 참가자들에게 물어본 적이 있다.

죽기 전에 먹고 싶은 것은 의외로 소박하다. 비싸고 화려한 랍스터나 스테이크가 아니라 된장찌개. 어릴 때 엄마가 잘해주던 나물과 청국장찌개처럼 단순했다. 우리가 흔히 소울 푸드라고 부르는 것, 그런 것일까. 그 음식을 대하면 마음이 따뜻해지고 힐링을 받는 그런 음식.

죽기 전에 후회하거나 하고 싶은 일도 대단한 것들이 아니라 일상적인 일들이다. 아주 평범한 일상의 소중함을 다시 한

번 느끼게 된다. 사랑하는 사람과 맛있는 음식을 먹고 따뜻한 마음을 나누는 것이 죽기 전에 하고 싶은 일이다.

  죽을 때까지 미루지 말고 오늘 하자. 바쁜 일이 있다고 미루지 말고 지금 하자. 죽기 전에 회사 일을 더 열심히 할 걸이라고 후회하는 사람은 없다. 가족이나 친구들과 좋은 시간을 함께 보내지 못한 것을 후회한다. 정말 그렇다니까. 내 말 믿고 지금 옆을 돌아보자. 있을 때 잘 하자.

아주 천천히 애도의 시간을 보내려 한다.
몇 년이 될지, 아니면 나의 나머지 평생이 될지
나도 모를 일이다.

다섯 번째

애도일기 ; 어떤 이별 이야기

우리 엄마는요

❋ ❋ ❋

어제는 하루 종일 친정 엄마의 마지막을 생각했다. 김현아 박사가 쓴 『죽음을 배우는 시간』이라는 책을 읽는데 나도 모르게 중간중간 눈물이 나고 감정이입이 된다.

죽음학 공부를 하고 강의를 하면서 이미 알고 있는 내용이다. 연명치료와 완화치료. 머리로는 안다고 생각했는데 너무 현장감 있는 글을 읽으면서 과연 마지막 순간에 어떤 결정을 내릴 수 있을지 걱정이 되기도 한다. 열이 나고 숨이 가빠지는 부모를 보고 병원에 가지 않고 지켜보기란 말처럼 쉽지 않다. 미리 교육이 필요하다. 노환으로 돌아가실 때가 되면 이미 의식이 흐려지고 그리 고통을 느끼지 않는다고 하니 그 말을 믿고 싶다.

90세가 넘어서도 병원에 가면 인공호흡기를 끼고 심지어 심폐소생술을 하기도 한다. 심폐소생술은 흔히 CPR로 부른다. 의학드라마에서 자주 보는 장면이지만 실제로 CPR을 하다가 어떤 일이 일어나는지 본 적이 없다. 노인들은 가슴 압박으로 갈비뼈가 부러지고 장기 손상을 입기도 한단다.

　내가 내린 결론은 집에서 가족들과 함께 지내고 마지막을 맞이하는 것이 좋겠다는 것이다. 친정 오빠와도 미리 이야기하고 합의했다. 엄마의 깔끔한 성격대로, 평소 뜻에 따라서 연명치료는 절대 하지 않기로. 이미 90이 훌쩍 넘으셨고, 치매와 당뇨, 관절염, 고혈압 등 평생 관리해온 병과 노환까지 여러 가지 문제를 안고 있다.

　가끔 열이 나거나 하면 119로 응급실을 다녀오기도 몇 번 했다. 연명치료 의향서에 미리 사인해 놓은 것은 없다, 몇 년 전까지도 연명치료에 대해서 잘 모르고, 그런 준비를 하기 전에 문득 치매를 발견했다.

　그래도 그나마 위안이 되는 것은 요양원에 가지 않고 집에서 편히 계신다는 것이다. 1989년까지만 해도 77%가 집에서 임종을 맞이하고 병원에서 사망하는 경우가 12%에 불과했는데 2000년대 들어서면서 그 숫자는 역전이 되었다. 요즘은 80% 이상이 병원에서 생을 마감한다.

　마지막으로 엄마에게 해드리고 싶은 일은 마지막까지 집에서 따뜻하게 지내다가 가시는 것이다. 노환은 완치가 되는 것도 아니고 죽음은 치료해야 할 병이 아니건만 현대 의술이 너무 발달한 나머지 우리는 마지막까지 병원에서 최선을 다해야 한다고 생각한다. 연명치료를 하면 며칠이라도 더 버틸 수 있고 그러다 깨어날 수도 있지 않을까 헛된 희망을 품기 때문이다. 그래야 '효'를 다하는 것이라고 착각하기도 한다. 장남들은 친척들에게 부모에게 소홀했다는 원망을 들을까 무서워서 연명치료를 포기하지 못한다고 한다. 그래서 "먼 친척 증후군"이란 말도 생겼다. 평소에 잘 찾지 않는 자식일수록 마지막에 고집을 피운다고 하는데 나는 그런 실수는 하지 말아야지.

절대로 자상한 딸이 아니지만, 내가 딸로서 할 수 있는 마지막 일은 집에서 편하게 떠나시도록 지켜 드리는 것이 아닐까 싶다. 엄마는 다른 세상에 가도 기다리는 남편과 먼저 떠난 아들 만나서 잘 사실 거라고 믿는다. 그래, 그렇게 믿자.

다시 응급실

※ ※ ※

119 구급대원이 전화를 했다.

"***씨 보호자신가요? 환자가 연세가 높으셔서 심장 마사지나 기관절제 같은 시술을 할 수도 있는데 연명치료 결정하셨나요?"

"네, 우리는 본인과 가족들 뜻에 따라 연명치료는 하지 않기로 결정했습니다."

떨리는 손으로 가방을 챙기며 대답을 했다. 작업실이 있던 안동에서 서울까지는 3시간이 걸린다.

전화를 끊고 서울로 출발했다. 운전대를 잡자마자 눈물이 쏟아졌다.

왜 죽음학을 공부했던 걸까. 죽음학을 공부하지 않았으면 그런 생각들을 하지 않았을까.

가슴이 벌렁거리고 손이 떨리는 와중에도 너무 또렷하게 '연명치료는 하지 않겠습니다'라고 말하는 내가 싫다. 그냥 남들처럼 '우리 엄마 꼭 살려주세요' 하고 말하는 편이 훨씬 쉬웠을 것이다.

 누군가 나에게 말한다. 강해서 다행이라고. 아니 그렇지 않다. 나는 강하지 않다. 가족의 죽음을 앞에 두고 강한 사람이 어디 있겠는가. 남에게 징징거리지 않는다고 강한 사람은 아니다. 남들과 똑같이 가슴 아프고 슬프고 잘 운다.
 그럼에도 불구하고 지나치게 감정적이지 않아서 심장이 떨리고 정신이 없어도 해야 할 일이 무엇인지, 이제 어떻게 해야 하는지 머리가 따로 돌아갈 뿐이다. 그런 면에서는 정신줄 놓고 아무것도 하지 않는 사람들보다는 강한지도 모르겠다.

 병원 앞에서 몇 시간을 기다렸다. 코로나 때문에 응급실에 가족들이 다 들어갈 수도 없다. 링거를 꽂고 피 검사를 하느라 팔, 손등, 발등 할 것 없이 주사 바늘 자국과 멍투성이다. 몇 시간 만에 들은 결론은 당수치가 높아져서 일시적으로 혈압이 내려간 거라고 했다. 며칠 있다가 인슐린 처방을 다시 받기로 하고 밤 12시에 퇴원을 했다. 응급실 복도에서 밤을

새지 않는 것만 해도 다행이다. 집으로 모시고 엄마 침대에 편히 눕혀 드리니 일단 마음이 조금 놓인다.

앞으로도 몇 번이나 더 집과 응급실을 오갈지 알 수 없다. 다만 마지막에 응급실 복도에서 임종을 보게 되지는 않았으면 하고 기도한다.

애도가 필요한 시간

※ ※ ※

"남자는 가끔 이유 없이 혼자 있고 싶고
여자는 가끔 이유 없이 울고 싶다."

요즘 이 말이 가끔 생각이 난다. 아니 예전보다 자주 생각난다. 울고 싶어서는 아니다. 그냥 문득 눈물이 흐른다. 운전을 하다가, 책을 읽다가, 혹은 티비를 보다가도 문득. 나이 60에 고아가 됐다는 사실이 새삼 슬퍼서도 아닌데 위의 말처럼 이유 없이 눈물이 난다. 그야말로 애도의 기간이라서 그런걸까.

새벽 4시쯤 핸드폰이 울린다. 새벽 전화에 트라우마가 있어서 소리가 나자마자 놀라서 벌떡 일어났다. 안 그래도 불안해서 잠이 들지 못하고 뒤척이고 있던 참인데. 새벽 한 시까지 지켜보다가 조금 안정이 된 것 같아서 돌아왔는데 세 시간

만에 엄마가 돌아가셨다는 전화를 받았다.

새벽 4시 반, 친정에 다시 도착. 아무리 강철같이 마음을 먹어도 정신이 오락가락한다. 무얼 먼저 해야 하는지 생각을 정리하고 우선 112에 전화를 한다. 간단히 상황을 설명하니 경찰이 주소를 불러 달라고 하는데 울음이 말을 막는다. 요양보호사분께 전화를 바꿔주고 다시 정신줄을 붙잡으려 심호흡을 깊게 한다. 경찰이 119에도 신고를 해야 한단다.

조금 기다리니 경찰 두 명이 와서 자초지종을 묻는다. 곧 119에서도 두 명이 와서 호흡과 심정지를 확인한다. 심폐소생술을 안 해도 되는지 다시 묻는다. 의례적인 과정이다. 두 명의 형사가 더 오고, 과학수사대에서도 나와 사진을 찍고 정황을 또 확인한다. 병원에서 돌아가시면 하지 않아도 될 절차다. 집에서 돌아가셨기에 사인을 몇 번씩 확인한다. 93세에 노환이니 특별한 이유는 없다. 수명을 다하시고 자연스럽게 떠나셨다.

마지막으로 검안의가 와서 코로나 검사를 하고 사망진단서를 발급해준다. 그제서야 영안실로 옮길 수 있는 준비가 된 것이다. 그 후 병원에서의 장례 절차는 다른 사람들과 다르지 않다.

요즘은 90% 이상 병원에서 돌아가시기 때문에, 집에서 부모님이 돌아가시면 어떻게 해야 하는지 아는 사람이 별로 없을 것이다. 우리는 부모님 두 분이 모두 집에서 돌아가셨다. 집에서 간병을 하고 마지막까지 버티는 일이 쉽지는 않다. 아빠가 편찮으셨을 때는 엄마의 정성이 있어서 가능했다.

앞의 글에서 썼던 것처럼 엄마도 집에서 편히 눈감으시는 게 나의 마지막 바람이었다. 심한 통증 없이 응급실이 아닌 집에서 마지막 모습을 볼 수 있어서 다행이다.

그런데 장례를 치르는 동안, 그리고 그 후에도 사람들은 계속 묻는다.

"원래 지병이 있으셨나? 왜 갑자기 돌아가셨어? 너무 고생하셨네."

물론 지병도 있긴 했다. 당뇨도 있고 혈압도 좀 있고 치매도 있었다. 그러나 그런 병 때문에 돌아가시는 건 아니다. 잘 관리해서 합병증도 없고, 노환으로 돌아가셨다. 전문가들이 말한다. 노환은 치료해야 할 병이 아니라고. 그런데 우리나라 사람들은 끝까지 죽음을 받아들일 준비가 되지 않아서인지 노환도 병이라고 생각하고 죽을 때까지 뭔가 처치를 해야 한다는 생각을 많이 한다. 이미 심장이 멈추려 해도 환자를 더 힘들게 하기도 한다. 의미 없는 연명치료를 포기하지 못한다. 그렇게 하지 않으면 자식들이 할 도리를 다하지 않은 것처럼 비난의 눈초리를 보내기도 한다. 마지막까지 왜 병원에 가지 않았는지 이상하게 묻는 사람도 있다.

  많이 알리지 않고 가족끼리 조용히 장례를 치렀다. 남에게 설명하는 거 귀찮아하고, 사람 만나기 싫어하는 나의 이상한 기질 탓이다. 물론 알리지 않았다고 나중에 원망을 들을 각오도 했다. 생전 연락도 없던 사람들조차 왜 알려주지 않았냐고 한다. 좋은 일은 모르지만 나쁜 일일수록 함께 해야 한다고 말한다. 그래, 그 말이 맞긴 하다. 나도 결혼식을 몰라도 문상은 꼭 가야 한다고 생각한다.
  옛날에는 온 동네가 장례를 같이 치르는 것이 우리의 전통이어서 그런 것 같기도 하다. 요즘은 병원 장례식장에서 알아서 해주니 가족들이 신경 쓸 일도 별로 없는데. 평소에 만나기 힘든 친구나 친척들을 문상을 핑계로 보는 건가 싶기도 하다.

  마지막으로 발인하는 날 폭우가 쏟아졌다. 화장장까지는 날이 괜찮더니만 장지에 도착하자마자 멀리서 천둥소리가 들리는 것 같더니 곧 장대비가 퍼부었다.

산소에는 비를 피할 천막이 쳐져 있고 땅이 깊게 파여 있었다. 아빠 산소에 합장을 하기로 했다. 두 분 다 화장을 하셨으니 유골함만 같이. 비가 와서 간단히 예를 올리고 흙을 뿌리고 돌아섰다. 갑자기 허무함과 피곤이 몰려왔다.

사람들이 종종 슬프거나 힘들지 않냐고 물어 보지만 장례를 다 치르고 나서도 한동안 아무 생각이 들지 않는다. 한참이 지나야 갑자기 생각이 나고 눈물이 난다. 애도의 시간이 얼마큼이라고 정해져 있지는 않다. 사람마다 필요한 시간이 다를 것이다.

돌아가신 아빠는 가끔 보고 싶은데, 엄마는 어떠할지 아직 모를 일이다. 오빠는 꿈에 아빠가 자주 보인다는데 내 꿈엔 나오시지 않는다. 꿈에라도 보고 싶은데.

아주 천천히 애도의 시간을 보내려 한다. 몇 년이 될지, 아니면 나의 나머지 평생이 될지 나도 모를 일이다.

내 마음을 들여다보기

※ ※ ※

장마가 끝나고 폭염이 계속되니 라디오에서 제철 음식으로 더위를 이겨보라는 이야기가 나온다. 그래 여름에는 민어지.

엄마는 여름마다 커다란 민어를 사와서 직접 민어탕을 끓이셨다. 내가 결혼한 후에는 우리집으로 민어와 찌개 거리를 가지고 오기도 했다. 그렇게 여름에는 꼭 민어를 먹어야 하는 줄 알았다. 작년 여름에도 아들과 함께 친정 엄마께 민어를 사다드렸다.

올해는 민어철이 되었는데 엄마가 안 계신다. 당연하지만 죽으면 아무것도 할 수 없는 것이 갑자기 훅 실감이 되는 순간이다. 또 눈물이 찔끔 난다.

엄마가 돌아가신 지 두 달가량 지났는데도 아직 멍한 채로 스트레스 속에 있다. 내가 우울증이 있었나 싶을 정도로 무기력한 상태이다. 마음이 처지고 몸도 처진다.

아빠가 돌아가셨을 때는 정말 슬프고 그리워서 그 후로도 외롭고 힘들 때마다 산소에 찾아갔다. 혼자 아빠가 좋아하는 커피를 보온병에 가득 가져가서 산소에 뿌려주고 나도 마시고 돌아왔다. 공원 묘지 앞에서 파는 원색과 형광색 꽃을 용납할 수 없어서 미리 꽃시장 가서 예쁜 조화를 골라서 부케를 만들어 계절마다 바꾼다. 너무 일찍 돌아가신 아쉬움도 컸지만 아빠는 내게 버팀목이었고 항상 그리운 사람이다.

엄마는 아흔을 넘기고 돌아가셨으니 남들이 말하는 호상이다. 평생 엄마가 보고 싶은 적이 없었으니 괜찮을 줄 알았다. 아무렇지 않을 거라고 생각했다. 나이 60에 고아가 됐다고 새삼스레 억울할 일도 아니라고.

그냥 슬퍼하면 될 것을, 그러면 더 편할 것을 내 안에 그 슬픔을 거부하는 세포가 있는 것 같다. 어릴 때부터 엄마에게 거부당했던 기억이 나를 괴롭힌다. 해결되지 않은 감정의 찌꺼기들이 가슴에 막혀 있는 것 같다. 결국 내가 스스로 애정결핍이라고 부르짖게 만든 사람. 그런데 아무 때나 눈물이 흐르고 내가 왜 이러는지 혼란스러워졌다.

세상에 나를 낳아준 사람이 돌아가셨으니 그 감정은 순수하게 슬픔이어야 한다. 그런데 머리에서는 나는 엄마와 맞지 않았고, 엄마가 위로가 되어준 적도 없고, 엄마가 없어도 상관없다는 말을 계속 한다. 머리와 가슴이 충돌한다. 감정과 생각이 부딪쳐서 나를 더 힘들게 하는 것 같다. 슬프지도 않고 아무 일도 아닌데 내가 왜 이럴까를 받아들이기가 복잡하니 몸도 부대낀다.

그냥 슬프다고 하자. 엄마가 돌아가셔서 슬프다고 하자. 너무 서둘러 일상으로 돌아가려 발버둥치지도 말자. 정신 차리라고 나를 채찍질하지도 말자. 시간이 지나면 괜찮아질 일이겠지. 남은 평생 계속 슬픔이 가슴 한구석에 남겠지만. 상실과 애도가 당장 해결해야 할 문제는 아니다.

부고를 알리지 않아서 문상을 못 온 친구들이 얼마나 슬프냐고 힘내라고 위로를 건넬 때마다 속으로 나는 별로 슬프지 않은데, 괜찮은데 뭐라고 답을 해야 할지 망설였다. 그렇게 겉은 멀쩡한 듯 보였지만 사실은 괜찮지 않았나 보다.

자꾸 마음을 다잡으려는 노력을 포기하기로 한다. 그냥 시간이 흘러가는 대로 마음이 따라가는 대로 두어 보기로 한다.

벌써 일 년

※ ※ ※

 엄마가 돌아가신 지 몇 달이나 지났을까 싶은데 벌써 일 년이 지나고 첫 번째 기일이 지났다. 해가 바뀌고도 우울 모드에 젖어 있다가 다시 정신 차리고 살자 마음먹은 지 얼마 되지 않았다. 엄마가 사시던 집도 정리하고 상속세 신고도 하고 복잡한 행정처리를 다 끝내는 데도 일 년이 걸렸다.

 시간이 지나가니 어느 날 문득 '아, 엄마는 하늘나라에서 아빠를 만나셨겠지'라는 생각이 든다. 다음 생에도 아빠와 함께하겠다는 분이셨으니 그렇게 사랑하는 사람을 찾았겠지.

 아니타 무르자니가 쓴 『그리고 모든 것이 변했다』라는 책은 저자가 직접 겪은 임사체험을 그대로 쓴 것이다. 림프암 말기로 의식 불명 상태에서 중환자실에서 의학적으로 사망

선고가 내려진다. 그러자 아니타는 고통이 사라지고 자유와 해방감을 느낀다. 주변에 슬퍼하고 있는 가족들도 보이고 곁에는 먼저 떠난 아버지도 함께 있다. 살아계실 때는 인도 관습대로 살기를 원해서 딸에게 남들처럼 결혼하고 평범하게 살기를 강요했던 아버지였지만 죽음 뒤에 만난 아버지는 그냥 존재 그대로 인정하고 사랑하시는 것을 느낄 수 있었다.

그러다 기적적으로 아니타가 다시 깨어나보니 암이 사라지고 여러 가지 증상도 없어져서 병원에서 퇴원하게 된다. 아니타는 깨어나고 나서 깨닫는다. 사람은 누구나 무엇을 증명하지 않아도 존재 자체로 사랑받는 존재라는 것을.

아니타가 본 것처럼 엄마도 아빠를, 그리고 막냇동생을 만났을 것이다, 분명히. 그런 생각이 들자 훨씬 마음이 평온해진다. 먼저 떠난 가족들이 함께 잘 지내고 있는 그림이 그려진다.

조금 편안해진 마음을 잡고 다시 원고를 마무리하기 시작했다. 2022년 여름 초고를 거의 완성하고도 일 년 동안 마무리하지 못했다. 엄마 장례식 이후 아무것도 손에 잡히지 않는 무기력증에 빠져 있었기 때문이다. 그동안 나는 충분한 애도를 했던 것일까. 일 년 정도면 마음이 힘든 상태에서 벗어나는 걸까.

 상실과 애도는 아마 상황에 따라 다를 것이다. 누가, 어떻게, 왜 죽었는지에 따라 애도의 기간도 정도도 다르다. 아빠가 돌아가신 지는 18년이 지났지만 아직도 그립고 보고 싶다. 동생은 16년이 지났다, 하지만 그 충격과 상처는 없어지지 않는다. 자살 생존자의 죄책감은 평생 지우기 힘들다. 반면 엄마는 아흔셋까지 집에서 지내시다가 노환으로 떠나셨으니 고통스러운 자책감은 덜하다. 이제 원고를 마무리하며 나의 애도도 일단계를 끝내고 싶다. 잘 지내다가도 문득문득 아빠 생각이 나고 눈물이 나고. 비슷한 사연들을 스치기만 해도 울컥하는 증상은 평생 그럴지도 모르지만 이제는 나답게 사는 일상으로 돌아가고 있다.

 죽음에 대해서 사람들과 이야기를 하고 상실을 겪은 사람들에게 공감하고 도와주는 일을 하며 살아가자. 아직도 살아가야 할 날들이 많이 남았다. 아주 많이.

언젠가 우리는 문득
내일 죽을 수도 있다는 생각이 들 수도 있다.
그리고 그때는 너무 늦었을지도 모른다.
무엇을 하기에 적당한 때는 언제나 지금이다.

여섯 번째

그래도 우리는 살아갑니다

죽음을 얘기하는 것은 오늘을 사는 것

※ ※ ※

"삶에서 완벽한 순간이란 오지 않는 거였어요. 불완전한 상태로 살아가다가, 어느 순간이 오면 암전되듯 끝이 오겠죠. 그런데 줄곧 그걸 잊고 살았던 거예요."

소설 〈책들의 부엌〉에 나오는 소희의 말이다.

사람에게 가장 좋다는 고도 700미터의 평창. 밤새 축축한 바람이 불더니 아침부터 부슬비가 내린다. 비 오는 바다를 보러 출발했다. 100미터 앞에 가는 차도 잘 보이지 않는다. 맞은편에서 오는 차도 형체가 없이 비상등만 깜박거린다.

정오가 다 되어 가는데도 안개가 걷힐 것 같지 않다. 〈무진기행〉이 떠오른다. 하루 종일 안개로 덮혀 있는 바닷가 외진 동네. 30년 전 런던에 살 때도 그랬다. 흐린 날이 많고 안개가 끼면 종일 창문이 하얘서 그 안에 갇힌 기분이 들었다.

우리 인생도 이런 것은 아닐까. 앞이 보이지 않는 길을 더듬더듬 가다보면 어느 날 문득 만나게 되는 막다른 길. 그것이 죽음이 아닐까.

나는 40대에 가족을 떠나보내고 죽음에 대한 관심이 많아졌다. 두려운 일이라기보다 담담히 받아들일 준비를 하고 싶었다. 지인의 소개로 고려대학교에서 죽음교육지도자 과정 수업이 있는 것을 알게 되었다. 가을에 계획했던 여행도 취소하고 등록을 했다.

어제도 죽음학 수업이 있었다. 준비된 죽음과 준비되지 않은 죽음에 대해서. 웰다잉(Well Dying)이라고 부제가 붙어 있었다. 그런데 수업 내용이 내가 '어떻게 살아야 할까'라는 주제로 강의하는 것과 너무 비슷해서 놀랐다. PPT 내용이 똑같은 것도 있었다.
앞으로 어떻게 살아야 할지 고민한 후 나는 답을 내렸다. 자신이 진정 원하는 삶이 무엇일까를 생각해보고 하루하루 그렇게 살도록 노력하는 것이다. 내면의 욕구에 충실한 본질적 삶 살기.

어디서 누구에게 강의를 하든 같은 질문으로 수업을 시작한다.

"인생은 선택의 연속이라고들 말합니다. 지금까지 인생의 중요한 일을 결정할 때마다 자신 원하는 대로 선택한 사람 손들어 보세요."

학생이든 어른이든 이런 질문에 손드는 사람은 몇 명 되지 않는다. 그러면 나는 다시 묻는다.

"여러분 인생인데 그 인생을 그럼 누가 살았나요?"

한때 나 자신에게 던진 질문이기도 하다. 어릴 때는 부모님이 시키는 대로, 아마 결혼도 집에서 바라는 대로 했을지도 모른다. 결혼 후에도 가족들을 위해서 어쩔 수 없다는 핑계로 원하지 않는 삶을 살아가기도 한다. 그리고 남의 탓을 한다. 엄마 때문에 아이들 때문에 내가 이렇게 사는 것이라고. 정말 그럴까? 원인이 무엇이었든 결국은 자신이 선택한 것이 아니었던가.

강의가 끝날 때는 같은 말로 마무리를 한다.

"지금부터라도 어떤 일을 결정할 순간이 오면 내가 진짜 원하는 것이 무엇인지 한번만 더 생각해 보세요. 앞으로 여러분 인생이 진정 원하는 대로 사는 것이기를 바랍니다. 죽을 때 후회가 남지 않도록."

   결국 웰다잉과 웰빙은 같은 말인 것 같다. 잘 죽기 위해서는 잘 살아야 하니까. 사람들이 죽을 때 가장 후회한다는 몇 가지를 얘기했다. 가족들과 여행하기, 감정 표현하기, 좋아하는 사람들과 맛집 가기, 친구들에게 자주 연락하기, 바다나 산, 들, 자연을 여유 있게 바라보기…. 매일 할 수 있는 일들인데 고작 그런 것이 죽기 전에 하고 싶다니 누군가에겐 싱겁게 생각될 수도 있겠다. 그런데 생각해 보면 너무 간단하고 쉬운 일이라 언제라도 할 수 있다고 미뤄두는 일들이다.
   앞으로는 가장 쉽지만 중요한 일을 미루지 말고 해보자. 오늘 내 옆에 있는 사람에게 말하자. 사랑한다고 간지럽게 말하지 않아도 괜찮다.
   "네가 있어서 참 좋다."
   이 말 한마디면 족하다.
   그리고 하늘 한 번 쳐다보자. 요즘 가을가을한 하늘을 보면 "예술이야"라는 말이 절로 나온다. 인생에서 바빠서 못할 일은 사실 별로 없다. 지금은 바쁘니 나중에 여유가 생기면 할 수 있다고 합리화하지 말자. 인생 한가한 소리라고 무시해 버리지도 말자.

  언젠가 우리는 문득 내일 죽을 수도 있다는 생각이 들 수도 있다. 그리고 그때는 너무 늦었을지도 모른다. 무엇을 하기에 적당한 때는 언제나 지금이다.

네 멋대로 해라

※ ※ ※

 며칠 전 프랑스 영화 감독 장 뤼크 고다르의 죽음이 알려졌다. 고다르 감독은 제목도 맘에 드는 〈네 멋대로 해라〉라는 영화로 유명하다. 1930년생이니 우리 엄마와 동갑이다. 아흔이 넘었으니 떠날 때가 되었나 보다 생각했지만 그의 죽음은 스스로 원한 안락사였다. 그가 태어난 프랑스는 안락사가 불법이다. 그는 스위스 자택에서 안락사를 선택했다.

 2014년 칸영화제 인터뷰에서도 그런 뜻을 밝히기도 했다. 고다르 감독은 심각하게 아픈 것은 아니지만 다양한 질병에 시달렸고, 사는 것에 지쳤고 삶을 끝내기로 했다고 그의 변호사가 발표했다. '이제 내 삶은 충분하다'고 분명한 결단을 내렸다고 했다. 이 사건을 계기로 프랑스 대통령실에서 "죽음을 선택할 권리"에 대한 국가 차원의 토론에 돌입한다고 발표했다.

마음대로 죽을 자유가 있어야 한다고 단순하게 얘기할 수는 없다. 그러나 마지막 순간에 필요하다면 최소한의 인간의 존엄성을 지키며 떠날 수 있는 장치가 필요하지 않을까.

아인슈타인도 연명치료를 거부하고 스스로 죽음을 선택한 것으로 유명하다. 그는 이스라엘 건국기념 축하연설문을 작성하던 중 복부대동맥류로 입원을 했다. 더 살 수 있었지만 수술을 거부했다.

"내가 원하는 때에 가고 싶다. 인공적으로 생명을 연장하는 것은 부질없는 짓이다. 할 만큼 했으니 이제 가야 할 시간이다. 품위 있게 죽고 싶다."

아인슈타인의 마지막 말이다. 그의 나이 76세였다.

내가 항상 이야기하는 인간답게 우아하게 죽고 싶다는 생각에 딱 맞는 말이다. 정작 나는 그렇게 할 수 있을까. 결코 쉽지 않은 일이다. 그래서 오늘도 죽음학을 공부하고 이런 글을 쓴다. 마지막에 홀가분하게 떠나려면 지금 충실하게 살아야 하니까. 마지막에 후회가 없어야 하니까. **많이 나누고 사랑하는 삶을 살고 싶다.**

먼 훗날 어느 날 내가 죽음을 선택하고 싶은 순간이 올 수도 있다. 그때까지 우리나라에서 안락사가 허용될 것 같지는 않지만 논의가 필요하다.

   내가 떠날 때도 후회 없이, 사랑하는 사람을 보낼 때도 미련 없이 헤어지기 위한 준비를 해야겠다.

60이다, 날아보자

※ ※ ※

나의 수필 선생님은 올해 아흔이시다. 제주도 친구 생일 파티에 공연을 하러 간 길에 선생님을 뵈러 갔다. 2010년 처음 글을 쓰기 시작할 때 문학을 배우러 갔던 수필 클래스. 내 인생의 스승님이다. 이북에서 오신 선생님은 제주에 문학관을 짓고 제2의 고향을 만들었다.

오랜만에 만났지만 여전히 정원을 가꾸느라 바쁘고 건강해 보이셔서 마음이 놓였다. 선생님은 우선 정원투어를 시켜 주셨다. 수많은 꽃과 나무 이름을 일일이 가르쳐 주고 설명해 주신다. 문학관에 정리된 책들과 전시된 그림을 구경하고 기념사진도 함께 찍고 점심을 먹으러 바닷가 짬뽕집으로 갔다.

"선생님, 저도 이제 환갑이에요.ㅠㅠ"
할아버지에게 어리광 부리듯 징징거리며 얘기를 했더니 선생님의 씩씩한 답이 바로 돌아온다.

"내가 육십이면 날아다녔다."

"하하하 선생님, 저도 올해부터 다시 날아볼게요."

"아흔이 되어 생각해 보니 인생 아무것도 없다. 그냥 킬링 타임이지. 태어났으니 사는 거지. 뭐 별거 있더냐. 너무 힘들게 살지 말아라."

"그쵸? 하고 싶은 거 다 하고 재미있게 살아야죠."

작년 엄마가 돌아가신 후 일 년 가까이 우울증 환자처럼 무기력하던 나에게 아흔의 선생님은 따뜻한 위로가 되었다. 동시에 삶의 자극도 되었다.

다른 사람에게 잘 기대거나 위로받지 못하는 나에게 특이한 경험이다.

바닷가 카페에 앉아서 커피 마시고 수다 떨다, 목이 말라져서 '맥주 한잔 할까요'라는 물음에 기다렸다는 듯이 눈을 반짝이며 좋아하신다. 아직도 소년 같은 감성을 가진 분이다. 다시 배가 고파지기 직전에 우리는 헤어졌다.

다음 날 아침 내가 안부 인사를 하기도 전에 먼저 선생님에게서 문자가 왔다.

"현정아~ 공연 잘하고, 제주도서 재미있게 놀다 가고 건강하게 잘 지내거라."

네, 선생님도 다시 만날 때까지 건강하세요. 책 나오면 가지고 갈게요.

오늘은 춤추러 가자

※ ※ ※

저녁도 제대로 못 먹고 부랴부랴 노트북을 열고 ZOOM을 연결한다. 수업을 듣다 보니 아들이 묻는다.

"엄마, 오늘은 뭐 하는 거야?"

"죽음학 수업 듣는 거야."

"아~ 죽을 때까지 공부하는 거라 죽음학이구나."

그래, 맞다. 아들 말이 맞네. 사람은 죽을 때까지 공부해야 하는 것 같다.

엄마가 돌아가시고 나서 너무 우울할 때는 이제 죽음학 공부도 그만 할까 생각했다.

코로나 전에 죽음학 공부를 시작하고 죽음교육지도사라는 자격증을 받았지만 코로나 3년 동안 그리고 아직도 온라인으로 죽음학 수업을 계속 듣고 있다. 몇 년 전 정신분석적 죽음학 수업을 들을 때 무슨 말인지 하나도 알아들을 수가 없었다. 교수님한테도 어렵다고 투덜거리면서도 계속 듣고 있다. 왜 포기하지 않는지 나도 모르겠다. 어떤 부분은 듣다 보니 어렴풋이 알아듣는 것도 있고. 그렇다고 내가 매일 죽음에 대한 생각만 하고 사는 것은 아니다.

오늘은 짐을 싸서 연습실로 향한다. 플라멩코를 추기 위해서다. 몇 년 동안 조금 배우다 오래 쉬고, 또 조금 하다 오래 쉬고 그렇게 6년이 넘었다. 그나마 조금 했던 것이 아까워서 얼마 전부터 개인 레슨을 시작했다. 요즘은 일주일에 두 번씩 연습실에 간다. 며칠 뒤에 지인의 환갑파티에서 짧은 공연을 하기로 했기 때문이다. 한 달 만에 새로운 안무를 배워서 하려니 어렵다. 왜 한다고 했던가 후회가 될 때도 있지만 확실한 동기부여가 되니 책임감도 생기고 남의 파티를 망칠 수는 없으니 순서라도 열심히 외운다. 할 수 없이 열심히 뛴다. 덕분에 작품이 하나 완성되어 가고 있다. 죽기 전에 하고 싶은 것을 최대한 하고 살자 싶어서 새로운 도전을 계속 한다. 육십에도 계속 춤을 추고 노래를 한다.

운동 삼아 시작했지만 다른 춤이 아닌 플라멩코를 택한 이유는 나름 여러 가지였다. 첫째는 파트너가 없이 혼자서도 할 수 있다는 것이다. 다른 스포츠댄스는 남자 파트너가 꼭 있어야 하고 남자가 손을 내밀면 잡아야 하고 남자가 손을 놓기 전에 여자는 그 손을 놓으면 안 된다는 살사 강사의 얘기를 듣고 욕이 나올 뻔한 적이 있다. 그냥 혼자 하는 것이 내 스타일에 맞다.

둘째는 다른 춤보다 전문적이고 공연예술에 가깝다는 것이다. 취미 활동이라 하기엔 난도가 너무 높다,

셋째는 내가 가장 좋아하는 이유이다. 미치지 않고서도 공식적으로 머리에 꽃을 꽂을 수 있다는 것이다. 모던한 스타일에는 꽃을 꽂지 않지만 전통적인 스타일은 옷도 화려하고 꽃을 많이 꽂는다. 평소에 꾸밀 일이 없으니 춤출 때 한껏 화려하게 꾸미고 머리에 꽃을 여러 개 꽂는 것도 재미있다.

친구들 환갑잔치마다 축하 공연을 해줄까?
앞으로 10년은 더 머리에 꽃을 꽂고 춤을 출 것이다.

함께 노래하자

※ ※ ※

몇 달 전부터 합창반을 시작했다. 오래전부터 알고 있었으나 관심도 없고 다른 공부를 하느라 시간도 맞지 않았다. 봄이 되고 꽃이 피기 시작하자 엄마가 돌아가신 후로 6개월 이상 계속되는 우울감으로부터 탈출해야 한다는 생각이 들었다. 노래를 하는 것도 삶에 활기를 주는 방법 중의 하나이다. 특히 합창은 솔리스트처럼 노래를 아주 잘하지 않아도 가능하고 여러 사람과 함께 하기 때문에 소속감이 주는 위안도 있다. 처음 들어가서 낯설지만 꿋꿋하게 빠지지 않고 연습하러 간다.

10년 넘게 프리랜서로 일을 했다. 소속된 회사가 없으니 일도 많지 않았지만 모든 일을 혼자 결정하고 혼자 해야만 한다. 혼자 노는 것을 더 좋아하긴 하지만 적당한 소속감과 타인과의 유대감도 필요하다. 노후를 건강하게 지내는 비결 중의 하나도 사회적 관계를 잘 유지하는 것이라고 전문가들도 이야기한다. 그래야 혼자 있는 시간도 잘 견딜 수 있다. 건강한 고독을 위해서 적당한 사회 생활을 하기로 결정하고 합창단에 들어갔다.

연습을 시작한 지 3개월 만에 갑자기 합창대회를 나간다는 공고가 떴다. 시작하자마자 대회라니. 대회 출전이 결정되자마자 의논해야 할 첫 번째 문제는 연주복을 맞추는 일이다. 말도 많고 탈도 많은 의견들을 거쳐서 은은한 핑크색 드레스를 맞추게 되었고, 생전 처음으로 그리 여성스러운 드레스를 입어보게 되었다. 그 후로 한 달 내내 예선 곡 하나를 연습했다. 전국에서 많은 합창단이 참가하는 만큼 예선은 영상을 찍어서 내면 심사를 하게 된단다.

다행히 일반부에서 9개 팀이 예선을 통과해서 본선에 진출했다. 하나 고무적인 것은 대부분의 합창단은 여성합창단인데 우리는 혼성합창단이라는 것이다. 남녀 비율이 거의 비슷해서 남녀 목소리의 화음이 풍성하다.

드디어 8월의 폭염을 뚫고 빛의 도시 광주까지 가서 본선 대회가 시작되었다. 합창대회는 구경도 처음이다. 대부분의 구립 합창단들은 프로 성악가들처럼 노래를 잘한다는 사실도 처음 알았다. 몇 달 연습한 우리 팀과는 소리가 달랐다. 시니어부와 일반부로 나누어져 경연을 하게 되는데 우리는 일반부의 첫 순서였다. 아침부터 리허설을 하고 시니어부 공연을 다 듣고 오후 세 시쯤 드디어 우리 순서가 되었다. 혼자 노래하는 것이 아니라서 떨리기보다는 무대를 보는 것이 재미있었다. 나는 생각보다 무대에 서는 것을 좋아하나 보다.

연습 기간이 길지 않았지만 실수 없이 우리 순서가 끝났다. 지휘자님도 그동안 한 것 중에는 가장 잘 불렀다고 엄지를 올렸다. 물론 결과는 아쉽게도 본선 탈락이었지만 나는 합창이 처음이고 우리 팀도 대회가 처음이라 예선을 통과해서 본선 무대까지 올라갈 수 있던 것에 만족했다. 대회를 통해서 다른 팀들 공연을 보며 우리 수준이 어느 정도인지 비교도 되고 더 열심히 연습하려는 동기부여도 확실하게 되었다. 아무리 취미로 하는 활동이지만 대회나 공연 같은 계기가 있으면 실력이 부쩍 늘어난다.

본선에서 떨어져서 아쉬움이 많았지만 이튿날 결선을 해야 하는 부담이 없어졌으니 하루 관광을 할 수 있는 시간이 주어졌다. 그 핑계로 그날 밤 뒤풀이는 팀워크를 탄탄히 하는 계기가 되었다. 내년에는 큰 대회 나가서 꼭 상을 타자고 함께 결의를 다졌다. 시작한 지 몇 달 되지 않아서 멤버들과 뻘쭘했던 분위기도 대회 준비를 하고 1박을 하면서 많이 친숙해졌다. 공동의 목표가 있다는 것은 동지의식을 만들어 준다. 이제 함께 다음 발표회 준비를 시작해야겠다.

백세 시대. 60년을 살았지만 앞으로도 수십 년을 살아가야만 하는 세상이다.
"시련은 사람을 강하게 만들고, 실연은 사람을 독하게 만든다."
시련도 겪고 실연도 당하고, 그러니 강하고 독하게 살자. 춤도 추고 노래도 하고.

내가 네 뒤에 있을게

※ ※ ※

'사랑하는 사람의 모습을 아름답게 간직하는 방법. 뒷모습 그림을 그려드립니다.'

내가 운영하고 있는 GYB라는 브랜드에서 하는 일 중 하나이다. GYB란 'got your back'의 약자로 '내가 네 뒤에 있어, 난 항상 네 편이야'라는 뜻을 가지고 있다.

내가 라이프코치로서 사람들을 상담하는 목적 또한 거기에 있다. 인생 리셋 수업을 할 때도 항상 말한다.

"오늘 수업을 함께 들은 여러분은 서로의 삶을 응원해 주는 사이가 되면 좋겠습니다. 인생 살기가 너무 팍팍할 때·세상에 한 명이라도 내 편이 있다고 생각한다면 훨씬 용기가 나지 않을까요? 세상살이가 덜 힘들지 않을까요?"

나는 내가 만나는 사람들을 응원해주는 것이 나의 소명

처럼 느껴진다. 거창하게 세상에 필요한 사람이 될 능력은 없으니 주변에 힘든 사람이 있다면 마음으로 응원하는 일, 그것은 돈이 필요하지도 않고 특별한 능력이 필요하지도 않다.

나같이 평범한 사람도 할 수 있는 일이다. 그러나 그런 일을 하기 위해서 한 가지 전제 조건이 있긴 하다. 내가 단단하게 땅을 딛고 서 있어야 한다. 스스로 불안하고 흔들리고 안정감이 없으면 상담을 할 수 없다. 내가 힘들 때는 남의 말을 잘 들을 수 있는 여유가 없기 때문이다. 상담을 좀 배웠다고 자신도 불안한 상태로 다른 사람을 상담하는 것은 좋지 않다고 생각한다.

이제는 직업이 뭐냐고? 뭐 하는 사람이냐고 물으면 '남을 응원하는 사람입니다'라고 대답할 것이다.

물론 그림을 팔려고 뒷모습을 그리기 시작한 것은 아니었다. 죽음을 주제로 책을 쓰다가 독자가 너무 읽기 어렵지 않게, 무겁지 않게 삽화를 넣을까 고민을 하기 시작했다. 죽음과 어울리는 그림이라니 뭐가 있을까? 흑백사진을 넣을까? 꽃 사진이 좋을까?

이것저것 생각하다가 찾은 것이 뒷모습 그림이다. 떠나는 사람의 모습 같기도 하고 얼굴이 보이는 정면보다 더 여운이 많이 남는다. 아련하고 쓸쓸한 느낌도 있어서 사람들 마음을 톡톡 건드린다. 그림을 본 사람들의 반응이 좋았고 자기 뒷모습도 그려 달라며 주문이 들어왔다.

작년 엄마의 장례식 이후 6개월 정도 외출도 잘 하지 않고 집에서 종일 그림만 그리는 날이 많았다. 그렇게 뒷모습 그림이 쌓여갔다. 200장, 300장, 400장 늘어간다.

삽화를 그리려던 것이 사업이 되어버려서 GYB라는 브랜드를 만들었다. 생각없이 일을 저지르는 것은 참 잘한다. 하다 보면 수습되겠지 하기도 하고, 안되면 접으면 되지 싶기도 한다.

내가 아무리 종종거리며 쫓아가도 볼 수 없는 것이 나의 뒷모습이다. 남들만 내 뒷모습을 볼 수 있다. 뒷모습이 멋지게 보이려면 내가 잘 살아야 하는 거겠지. 어떤 뒷모습을 남기고 죽게 될지 또 한 번 생각에 잠긴다.

세 번의 사별과 한 번의 이별

※ ※ ※

유명인이 아닌데도 가끔 인터뷰 요청이 들어올 때가 있다. 얼마 전에는 내 일을 많이 도와주시는 패션지 이사님 소개로 핸드백 브랜드 웹진에 인터뷰가 실리기도 하고 이번에는 시니어 인지 개발을 위한 프로그램을 개발하는 스타트업에서 섭외가 왔다. 내가 하는 일을 알릴 수 있으면 어떠한 자리든 감사하다.

인터뷰어 세 명이 내 책을 열심히 읽고 정성스럽게 질문을 만들어 기다리고 있었다. 사무실에 도착하자마자 가장 맘에 들었던 것은 꽃과 커피였다. 둘 다 내가 아주 좋아하는 아이템이다. 예쁜 꽃다발과 맛있는 커피. 작은 회의실에서 카메라를 세팅하고 이야기가 시작되었다. 주제는 내 책『나이답게가 아니라 나답게』에 관한 내용이었다.

Q. 작가님의 책을 읽으며 폭넓은 직업과 취미를 즐기며 살아가는 모습이 인상 깊었습니다. 라이프 코치, 죽음교육 지도사, 작가, GYB 대표, 재즈, 플라멩코, 여행…. 이토록 알찬 삶을 살아가게 된 계기가 있나요?

"그렇게 많은 일을 함에도 불구하고 돈을 못 벌기 때문에 직업이라고 하기는 애매하네요. 그래서 저는 항상 스스로를 '프리랜서의 탈을 쓴 백수'라고 표현해요. 본업은 열심히 노는 것, 부업은 뒷모습 그림을 그려서 팔고, 강연을 하는 것이라고 생각해 주세요.

제가 올해 딱 60이에요. '이 나이에 뭘 하겠어'라는 말을 하는 분들이 계시는데, 저는 그냥 다 해보는 편이에요. 뭘 잘하는지 모르겠고, 뭘 하고 싶은지 모르겠다면 일단 다 해보라고 말씀드리고 싶어요. 해보면서 그중에 재밌는 것을 찾으면 되고요.

직접 시도하지 않고 남들이 하는 것만 보면서 '난 저렇게 그림을 못 그리는 사람이야.' '난 글을 못 써.' 이러는데, 타고난 천재가 아닌 이상 처음부터 잘하는 사람이 어디 있어요. 피카소처럼 한 작품에 몇 억 받고 팔 거 아니잖아요?

제일 큰 문제는 비교예요. 저도 원래 노래 못 해요. 그런데도 재즈를 부르러 무대에 올라가기도 해요. 내가 돈 받고 하는 게 아니라, 오히려 취미로 내가 돈 내고 하는 거니까요. 다 해보고 아니다 싶으면 때려치우면 되고요. 라이프 코칭을 할 때는 자신이 젊었을 때를 돌아보라고 이야기해요. 대학생 때, 아니면 더 어렸을 때 무엇을 할 때가 가장 행복했는지. 떠오르는 것이 있다면 그쪽 분야에 다시 시도해보는 것도 괜찮은 방법이에요. 저는 이런 생각으로 이것저것 다 해보며 살고 있어요."

Q. 지금과 같은 태도로 다채로운 삶을 살아가게 되기까지 겪어 오셨을 일들이 궁금해집니다. 지금의 나에게 가장 큰 영향을 준 사건이나 사람에 대해 말씀해 주실 수 있나요?

"동생의 자살이 가장 컸죠. 이 경험을 하지 않았더라면 라이프 코칭을 시작하지 못했을 거예요. 저는 감정이 풍부한 사람이 아닌데도 이런 곡절 덕분에 타인에게 공감할 수 있는 능력이 생겼어요. 진정성 있게 상담을 할 수도 있게 되었고요.

그다음은 이혼이에요. 민사소송과 경제적 스트레스로 엄청 힘들었는데, 이런 경험에서조차 배울 수 있는 게 있더라고요. 그 시간을 지나오면서 '무슨 일이 생겨도 버틸 수 있을 것 같다'는 자신감이 들었어요.

힘들 때 무너지는 사람이 있고, 오기가 생기는 사람이 있는데 저는 후자더라고요. 자기애가 많은 건지 자존감이 지나치게 높은 건지는 모르겠지만, 징징거리고만 있기에는 나의 인생이 아깝기 때문에 더욱 잘 살겠다고 다짐했어요.

Q. 상실을 있는 그대로 받아들이는 것이 중요하다고들 합니다. 하지만, 사랑하는 이의 죽음으로 인한 슬픔과 고통은 그대로 직면하기에는 거대합니다. 현실을 마주하는 것이 고통스러운 나머지 사랑하는 사람이 죽지 않고, 살아 있다는 생각을 하며 회피하는 사람들도 있습니다. 가족의 죽음을 겪을 때, 애도의 과정을 어떻게 견디셨나요?

"오래전 아빠가 돌아가셨을 때는 저도 아무것도 모르던 때였으니 서툴렀지요. 죽음학을 배우고 난 뒤, 작년에 엄마가 돌아가셨을 때는 충분히 애도의 시간을 가지려고 노력했어요. 아니 아직 노력하는 중이죠.

우울증 환자처럼 집에서 잘 나오지도 않고, 사람도 안 만나고, 겨우 만나도 웃어지지 않더라고요. 그래도 그런 순간들을 스스로에게 허락했어요. 감정도 바닥을 쳐야지 올라갈 수 있다고 생각하기 때문에, 바닥이 어디 있나 끝까지 가보자는 생각으로 6개월 동안 억지로 힘을 내려는 노력 자체를 안 했어요.

그러다 해가 넘어가고, 봄이 오고, 꽃이 피고, 이번 해 3월부터 다시 정신 차리고 사람들을 만나고 있어요. 힘들면 힘든 대로 놔두세요. 슬프면 슬픈 대로 놔두시고요. 충분히 애도할 시간을 자신에게 허용해 주세요.

한 존재가 갑자기 사라지는 게 상실이잖아요. 빈자리가 생긴 만큼 무너질 수밖에 없고, 그 과정에서 평소와 같지 않은 나의 모습에 '나를 잃었다'라는 감정을 느낄 수 있는 것 같아요.

하지만 이런 모습을 당연하게 받아들여야 해요. '내가 왜 이러지? 무슨 문제가 있는 건가?'라는 생각으로 자신을 괴롭히지 마세요. 당연하잖아요. 사랑하는 사람이 사라졌는데 어떻게 평소와 같을 수가 있겠어요.

한 번은 지인의 장례식에서 40대 정도 된 남자가 물어보더라고요.
'아버지가 돌아가신지 몇 년이 지났는데,
우리 엄마는 언제쯤 괜찮아지실까요?'
'안 괜찮아져요.'
어떻게 괜찮아져요. 안 괜찮아져요.
그냥 참고 살아가는 거죠."

Q. 지금 이 순간에도 사랑하는 존재의 죽음을 경험하거나, 준비하고 있는 사람들이 있습니다. 그 사람들에게 한 마디 해주신다면?

"한마디로 이야기해주기는 힘들어요. 똑같은 경험을 해보지도 않고 다른 사람을 몇 마디로 위로하는 것이 오만한 일이라고 생각해서요.
그저 제가 사람들에게 항상 하는 이야기는 후회가 남지 않도록 있을 때 잘 하고, 임종 한순간에 목매지 말고, 생사의 문제는 인간의 힘으로 어쩔 수 없는 일이니 받아들이라는 거예요.

물론 말이 쉽죠. 고통스럽죠. 슬프기도 하고 원망스럽기도 하고 복잡하고, 몇 년이 지나도 힘들 수 있겠지만 그래도 우리는 살아가야 하잖아요.
슬프면 슬픈 대로 자신을 잘 다독여주고 잘 돌봐주세요. '시간이 얼마나 지났는데 아직도 슬퍼해. 이러면 안 돼. 힘을 내야 해.' 하면서 스스로를 더 괴롭히지 마세요."

Q. 인생 리셋 프로그램에서 하는 활동 중 소개해 주고 싶은 것이 있다면?

"부고 기사나 오늘이 내 인생 마지막 날이라면 무엇을 하고 싶은지 적어보는 시간을 가져요. 인상 깊은 점은 내용들이 다 비슷하다는 점이에요. 더 많이 성공했으면 좋겠다거나, 더 큰 집에 살았으면 좋겠다는 말은 전혀 없어요.
오히려 '가족들하고 시간을 많이 보낼걸' '친구들에게 연락을 많이 할걸' '일을 좀 덜 열심히 할걸' '자연을 더 많이 느껴볼걸'. 이런 것들은 다 매일매일 할 수 있고, 지금 당장이라도 할 수 있는 거예요. 그런데 왜 우리는 지금 하지 않고 죽기 마지막 날에서야 후회할까요?

유산이라는 건, 물질적인 것만 뜻하지는 않거든요. 시간을 함께 보내고, 따뜻한 추억을 남겨주는 것도 유산이라고 생각해요. 그래서 저는 아들하고 일 년에 한 번씩 여행을 가고, 사진을 찍어 남겨놔요.

더 미루지 말고 지금부터라도 생각을 해보면 좋을 것 같아요. 나는 어떤 유산을 남기고 싶은지, 어떤 후회를 하며 죽게 될 것 같은지,

그러려면 지금 어떻게 살아야 하는지."

Q. 꿈꾸는 이상적인 죽음이 있으신가요?

"나의 집에서 살다가 집에서 죽고 싶어요. 작년 6월에 친정 엄마가 돌아가셨어요. 집에서 임종하셨는데, 집에서 돌아가시면 절차가 복잡해요. 과학 수사대도 오고, 119도 오고…. 병원에서 죽음을 맞이하면 거치지 않아도 될 과정들을 많이 거쳐야 해요.

그럼에도 제가 바라는 건 우리 엄마처럼 요양원에 가서 고립되지 않고 나의 집에서 살다가 나의 집에서 죽는 거예요. 우리 엄마도 마지막 순간에 응급실로 향했다면, 응

급실 복도에서 돌아가셨을 수도 있을 거예요. 그건 정말 아닌 것 같더라고요.

그리고 우리나라는 매장이나 사후세계 같은 가치관이 있어서 수의도 입히고 꽁꽁 묶곤 하는데, 어차피 화장하면 말짱 꽝이잖아요. 어차피 화장할 거면 내가 원하는 옷을 입으면 좋지 않을까? 하는 생각도 가끔 해요.
장례식도 마찬가지예요. 내가 죽고 나면 누가 오는지 알지도 못하는데, 차라리 사전 장례식을 하고 진짜 장례식은 가족끼리 조용하고 간단히 하는 것도 괜찮을 것 같고요."

Q. 죽음에 관한 우리 사회의 인식은 어떠한가요?

"남녀노소 할 것 없이 '혼자 죽는 것'에 대해 굉장히 걱정을 많이 해요. 더군다나 요즘 싱글이 점점 더 많아지고 있잖아요. 결혼을 했어도 사별해서 혼자 남을 수 있고, 가족이랑 같이 살아도 가족들이 나를 24시간 지키고 있을 수 있는 것도 아니니까 죽는 순간에는 누구나 혼자일 수 있어요.
저도 아들이랑 같이 사는데 아들도 일하느라 바쁘고 24시간 저를 지켜보고 있는 것도 아니고요. 혼자 죽는다는 점에 대해 큰 두려움을 갖지 않으면 좋을 것 같아요. 저는 강연할 때 항상 말해요. 나도 혼자 죽을 거고, 여러분도 혼자 죽을 가능성이 있다고."

Q. 죽음교육지도사로 활동하시면서 이루고 싶은 소망이 있다면?

"거창하지 않아요. 그냥 사람들이 죽음에 대해 더 편하게 이야기하고, 생각을 해보면 좋겠어요. 가족이나 친구들하고 허심탄회하게 이야기해 보세요. 연명치료 거부, 장기 기증 등 사후에 가족들이 동의해 주지 않으면 강제집행되지 않는 것들도 있거든요.

가족과도 충분한 합의가 되고, 내가 그리는 이상적인 죽음에 대해 자주 대화를 나누어야 원하는 대로 죽을 수 있어요.

그리고 힘든 사람이 있다면 물질적인 도움을 줄 능력은 없어도 뒤에서나마 응원해 주고 싶고요."

Q. 죽음을 생각하는 삶과 죽음을 생각하지 않는 삶의 가장 큰 차이는 무엇일까요?

"죽음을 생각하는 사람은 삶을 더 잘 살 수 있어요. 누구나 겪는 것이 죽음이잖아요. 그런데 사람들은 종종 그 사실을 잊은 듯이 살아가요. 마치 자신은 안 죽을 것처럼. 그러다 보면 부질없는 것에 욕심을 부리고, 누군가에게 상처를 주기도 하고요.

하지만 당장 한 시간 뒤의 내가 어떻게 될지 모른다는 생각을 한 번이라도 해본다면 지금 주어진 이 순간을 충실하게 살아갈 수 있어요."

인생 리셋 프로그램을 만든 이유

※ ※ ※

 이름도 어려운 죽음학을 강의하는 수업이 아니다. 사람들과 어떻게 살다가 죽어야 하는지 이야기나 해보자고 만든 워크숍이다. 코칭과 죽음학이 조금씩 섞여 있는 스타일의 수업이다. 간단하게 죽음학에서 배우는 내용을 소개하고 참가자들이 함께 살아 온 인생을 돌아보고 앞으로 남은 삶을 어떻게 살고 싶은지 이야기한다. 남의 사연을 듣고 공감해주고 응원한다. 매번 누군가 눈물을 터트리기도 하고 나도 강의하며 울기도 한다.

 잘 죽는다는 것은 죽을 때 후회가 없어야 한다니, 어렵지만 그렇게 하려면 어떻게 살아야 하는 걸까 참가자들은 '같이' 고민한다. 여기서 '같이'라는 것이 의미를 가진다. 다른 사람들이 들어주고 공감해주는 것이 말하는 사람에게 커다란 위로와 힐링이 된다. 그래서 가끔 같은 내용인데도 두 번씩 신청을 하는 사람이 있다.

나는 조금이라도 세상에 쓸모 있는 사람이 되면 죽을 때 덜 후회할 것 같아서 '응원하는 사람'이 되기로 했다.

인생 리셋 수업에서 사람들에게 던지는 질문을 몇 가지만 정리해보면.

* 오늘이 당신의 마지막 날이라면 누구와 무엇을 하고 싶은가요?
* 내 장례식에 소수의 인원만 올 수 있다면 누구를 초대하고 싶은가요?
* 당신은 이미 죽었습니다. 다시 돌아갈 수 있다면 몇 살로 가고 싶은가요?
* 커다란 명예를 가진 짧은 인생과 무탈하게 긴 인생이 있다면 어느 쪽을 선택할까요?
* 당신은 불치병 진단을 받았습니다. 수술을 해도 완치될 확률이 5:5라면 어떻게 할 건가요? 마지막까지 치료한다, 병을 받아들인다?
* 당신은 곧 죽음을 맞이합니다. 곁에 소중한 사람이 있다면 그에게 하고 싶은 말은?
* 당신의 삶이 일 년 정도 남았고 무제한의 돈이 주어진

다면 무엇을 하고 싶은가요?

* 당신이 죽기 전에 누군가 한 사람의 소원을 이루어 줄 수 있다면 누구일까요?
* 죽기 전에 마지막으로 가고 싶은 곳이 있다면?
* 장례식에 틀고 싶은 음악이 있나요?
* 유언장을 써보셨나요? 첫 문장은 뭐가 될까요?
* 유산이 많이 남는다면 기부하고 싶은 곳이 있나요?
* 죽기 전에 꼭 정리하고 싶은 물건이나 일이 있다면?

이 밖에도 많은 질문을 찾아내고 연구하고 같이 이야기한다.

오늘 아침 SNS에서 어떤 분이 죽는 것은 두렵지 않은데 자기가 늙어가는 모습이 너무 힘들고 무섭다고 써 놓은 것을 봤다. 죽음을 생각해 보고 준비하는 것도 필요하지만 어떻게 나이 들어야 하는지도 심각한 문제이다. 수명은 자꾸 길어지고 노년 인구가 많아지고 우리도 좀 더 일찍 노후 준비를 해야 하지 않을까 싶다.

노후대책이라고 하는 것의 대부분은 경제적인 것만 강조하지만 그것보다 더 어려운 것이 늙음을 받아들이는 마음인 것 같다. 늘어가는 주름을 펴는 일에만 투자하지 말자. 우리에게는 마음을 펴는 공부가 필요하다.

요즘 나의 관심사이다. 잘 나이 드는 것과 잘 죽는 것.

그리고 우리가 같이 공부해 나가야 할 주제이다.

죽기 전에 가장 듣고 싶은 말

※ ※ ※

원제 'The last word'. 주인공 해리엇(셜리 맥클레인)은 젊은 시절 광고회사 대표였으나 현재는 괴팍하고 까칠한 할머니다. 어느 날 신문에서 유연히 남의 부고 기사를 보게 되고 자신의 부고 기사는 어떻게 쓰일지 궁금해진다. 바로 신문사를 찾아가서 부고기사 담당 기자 앤(아만다 사이프리드)을 만나서 자기 부고 기사를 써달라고 부탁한다. 앤은 탐탁지 않지만 신문사 사장의 부탁으로 할 수 없이 일을 맡는다.

좋은 부고 기사를 만들기 위해서는 네 가지 요건이 필요하다.

첫째, 고인은 가족들의 사랑을 받아야 하고 둘째는 동료들의 칭찬이 필요하다. 셋째는 고인이 우연히 누군가의 인생에 영향을 끼쳐야 하고 마지막은 자신만의 와일드 카드가 있어야 한다는 것이다.

좋은 평판을 남기고 죽는다는 것은 정말 힘든 일이다. 적극적인 성향의 해리엇은 첫 번째와 두 번째 조건은 마음대로 안 되더라도 세 번째 조건은 이제라도 만들면 된다고 생각한다. 부고 기사를 쓰는 과정에서 해리엇과 앤은 당찬 꼬마 브렌다를 만나게 된다. 셋은 같이 헤어진 가족도 다시 만나고 해리엇이 설립한 회사 동료들도 다시 찾아간다. 그러는 중에 앤과 해리엇도 조금씩 가까워지고 앤도 자신의 삶을 주체적으로 살기 위해 노력하게 된다.

앤은 진짜 해리엇의 사망기사를 쓰게 되지만 해리엇의 장례식에서 앤은 그 기사가 아니라 자신이 직접 겪은 해리엇을 이야기한다.

"해리엇은 절대 잊히지 않을 거예요. 해리엇 롤러는 자신의 삶을 살았고 저도 그 뜻을 기리며 저만의 삶을 살아갈 거예요."

신문사 막내 기자로 부고 기사를 쓰던 앤은 자기가 꿈꾸던 작가에 도전하기로 마음먹고 에세이를 쓰기 시작한다. 해리엇은 확실히 앤의 삶에 영향을 주었다. 아주 중요하고 긍정적인 영향을.

죽음에 대해서 한번 생각해 볼 수 있으면서도 재미도 있는 영화이다. 인생 리셋 수업에도 항상 소개한다. 잘 죽기 위해서 어떻게 살아야 하는지를 구체적으로 생각해 볼 수 있다. 나는 내 지난 책의 제목처럼 나답게 살고 있나. 누군가의 삶에도 좋은 영향을 줄 수 있다면 더없이 좋겠지만 아직 자신이 없다. 앞으로 노력해야 할 일이다.

영화에 나온 해리엇의 대사 '좋은 날이 아닌 의미 있는 날을 보내세요'를 인생 리셋 프로그램의 홍보 문구로도 사용한다.

"당신의 오늘을 의미있는 날로 만들어 드립니다."

나의 부고 기사

※ ※ ※

나는 조금 전에 죽었다. 죽고 나면 의식도 없고 아무것도 남지 않는다고 생각했으나 그렇지 않았다. 나는 가볍게 날아 기능을 멈춘 내 육체를 바라보았다. 해방감이 느껴졌다. 살아 있을 때보다 한층 가벼워진 영혼으로 방 안을 살펴보았다. 인터넷 신문에 내 부고 기사가 떠 있었다. 죽기 전에 내가 작성한 기사였다. 유서 삼아 장난스럽게 쓴 것인데 다시 읽어보니 쓰길 잘했다는 생각이 들었다. 남아 있는 가족과 친구들에게 작은 선물 같은 기사로 남으리라.

<부고> 원현정 작가 별세

  라이프 코치이자 작가인 원현정 씨가 2053년 11월 16일 90년의 삶을 마감했다.
  사회학과를 졸업했지만 50세까지 보석디자이너, 전시기획자로 일하며 예술을 좋아하고 창의적인 일을 하는 것을 좋아했다. 음악을 하는 후배들은 그를 예고 언니라고 부르기도 했다. 갤러리를 운영하고 그림을 그리기도 해서 사람들은 당연히 미대를 나왔다고 생각했다.

  그런 그의 삶이 힘든 40대를 보내고 바뀌기 시작했다. 여러 가지 상실을 겪고 글쓰기와 상담이 직업이 되었다. 힘든 사람에게 공감하고 누군가 응원해 주는 일이 자신의 소명이라고 여기게 된다.
  사람들에게 해주고 싶은 말을 에세이로 쓰게 된 수필 10권과 소설 3편을 발표했다. 그의 책은 출간 당시 대단한 베스트셀러는 아니었지만 후배들에게 용기를 주는 에세이로 꾸준히 읽히고 있다.

50대 중반부터는 죽음학 공부를 시작하여 '죽음교육지도사'라는 생소한 일을 시작했다. 사람들이 죽음에 대해서 편하게 이야기할 수 있게, 자신의 죽음에 대해 미리 생각해 보고 갑작스러운 죽음이 찾아와도 잘 맞이할 수 있게 도와 주는 일이다. 죽음학은 어려운 학문이지만 그는 보통 사람들에게 어렵지 않게 죽음을 생각해 볼 수 있고 살면서 겪지 않을 수 없는 상실에 대해 충분한 애도를 할 수 있게 상담하고 강의했다.

그의 회사 이름이 〈집:gyb〉인 것처럼 그가 원하는 일은 사람들에게 "I got your back"이라고 외치는 것이다.
"내가 네 뒤에 있어. 나는 네 편이야, 너를 응원할게."
그의 삶도 그가 응원해 준 많은 사람들의 축복으로 별처럼 빛날 것이다.

참고 도서

1. 아침의 피아노 ; 김진영, 한겨레, 2018
2. 자살에 대하여 ; 사이먼 크리츨리, 돌베개, 2021
3. 죽음 카탈로그 ; 요리후지 분페이, 필로소픽, 2018
4. 아버지의 죽음 앞에서 ; 레이첼 클라크, 메이븐, 2021
5. 다만 죽음을 곁에 두고 씁니다 ; 로버트 판타노, 자음과 모음, 2021
6. 아주 편안한 죽음 ; 시몬느 드 보부아르, 을유문화사, 2021
7. 모리와 함께한 화요일 ; 미치 앨봄, 살림, 2017
8. 사랑하는 사람과 저녁 식탁에서 죽음을 이야기합시다 ; 마이클 헵, 을유문화사, 2019
9. 작별 일기/ 삶의 끝에 선 엄마를 기록하다 ; 최현숙, 후마니타스, 2019
10. 이어령의 마지막 수업 ; 김지수, 열림원, 2021
11. 죽은 자의 집 청소 ; 김완, 김영사, 2020
12. 존엄하게 산다는 것 ; 게랄트 휘터, 인플루엔셜, 2019
13. 죽음과 죽어감 ; 엘리자베스 퀴블러 로스, 청미, 2018

14. 나는 매주 시체를 보러 간다 ; 유성호, 21세기북스, 2019
15. 인생의 마지막 순간에서 ; 샐리 티스데일, 비잉, 2019
16. 죽음의 에티켓 ; 롤란드 슐츠, 스노우폭스북스, 2019
17. 어떻게 죽을 것인가 ; 아툴 가완디, 부키, 2022
18. 남아 있는 모든 것 ; 수 블랙, 밤의책, 2021
19. 누구도 홀로 외롭게 병들지 않도록 ; 줄리안 아벨 박사 & 린지 클라크, 남해의 봄날, 2021
20. 죽음의 부정 ; 어니스트 베커, 한빛비즈, 2019
21. 당신은 이렇게 죽을 것이다 ; 백승철, 쌤앤파커스, 2021
22. 내게 남은 삶이 한 시간뿐이라면 ; 로제 폴 드루아, 센시오, 2021
23. 몸은 기억한다 ; 베셀 반 데어 콜크, 을유문화사, 2020
24. 케어(Care) ; 아서 클라인먼, 시공사, 2020
25. 회복하는 가족 ; 오에 겐자부로, 걷는 책, 2019
26. 오늘은 죽기 좋은 날 ; 존 이조, 문예춘추, 2021
27. 우리는 모두 자살 사별자입니다 ; 고선규, 창비, 2021
28. 떠난 후에 남겨진 것들 ; 김새별, 청림출판, 2020
29. 아직 오지 않은 날들을 위하여 ; 파스칼 브뤼크네르,

인플루엔셜, 2021
30. 모든 것이 산산이 무너질 때 ; 페마 쵸드론, 한문화, 2017
31. 어떤 죽음이 삶에게 말했다 ; 김범석, 흐름출판, 2021
32. 슬픔 이후의 슬픔 ; 호프 에델먼, 다산북스, 2022
33. 사랑이 다시 살게 한다 ; 김동선, 두란노서원, 2022
34. 천 번의 죽음이 내게 알려준 것들 ; 김여환, 포레스트북스, 2021
35. 엔드 오브 라이프 ; 사사 료코, 스튜디오오드리, 2022
36. 다 잘된 거야 ; 엠마뉘엘 베르네임, 작가정신, 2016
37. 집에서 혼자 죽기를 권하다 ; 우에노 지즈코, 동양북스, 2022
38. 애도의 문장들 ; 김이경, 서해문집, 2022
39. 애도 일기 ; 롤랑 바르트, 걷는나무, 2018
40. 어느 날 뒤바뀐 삶, 설명서는 없음 ; 게일 콜드웰, 김영사, 2022
41. 반려동물과 이별한 사람을 위한 책 ; 이학범, 포르체, 2021
42. 죽음을 배우는 시간 ; 김현아, 창비, 2020
43. 동생이 안락사를 택했습니다 ; 마르셀 랑어데이크, 꾸

리에, 2020
44. 그림책으로 배우는 삶과 죽음 ; 임경희, 학교도서관저널, 2021
45. 마지막 질문 ; 김종원, 포르체, 2022
46. 오늘 아침은 우울하지 않았습니다 ; 힐러리 제이콥스 헨델, 더퀘스트, 2023
47. 참 괜찮은 죽음 ; 헨리 마시, 더퀘스트, 2022
48. 하얗고 검은 어둠 속에서 ; 조너선 비스, 풍월당, 2021
49. 삶을 여행하는 초심자를 위한 죽음가이드북 ; 최준식, 서울셀렉션, 2019
50. 엉망인 채, 완전한 축제 ; 술라이커 저우아드, 윌북, 2022
51. 죽은 자 곁의 산 자들 ; 헤일리 캠벨, 시공사, 2022
52. 삶의 마지막까지, 눈이 부시게 ; 리디아 더그데일, 현대지성, 2021
53. 상실에 대하여 ; 치마안다 응고지 아다치에, 민음사, 2022
54. 죽음이 물었다 ; 아나 아란치스, 세계사, 2022
55. 할머니가 떠난 2층 3호실에서 ; 큰손녀, 독립출판, 2020

56. 우연의 질병, 필연의 죽음 ; 미야노 마키코, 이소노 미호, 다다서재, 2021
57. 먼길로 돌아갈까? ; 게일 콜드웰, 문학동네, 2021
58. 그리움의 정원에서 ; 크리스티앙 보뱅, 1984BOOKS, 2021
59. 그렇게 죽지 않는다 ; 홍영아, 어떤책, 2022
60. DEATH 죽음이란 무엇인가 ; 셸리 케이건, 엘도라도, 2012
61. 우리는 모두 죽는다는 것을 기억하라 ; 웨인 다이어, 토네이도, 2019
62. 각자도사 사회 ; 송병기, 어크로스, 2023
63. 그리고 모든 것이 변했다 ; 아니타 무르자니, 샨티, 2022
64. 죽음이 물었다. 어떻게 살 거냐고 ; 한스 할터, 포레스트북스, 2023